金融博士论丛·第十九辑

种业发展的金融服务模式研究

The patterns of financial services in seed industry development

张国志　著

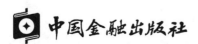

中国金融出版社

责任编辑：张翠华
责任校对：孙 蕊
责任印制：赵燕红

图书在版编目（CIP）数据

种业发展的金融服务模式研究（Zhongye Fazhan de Jinrong Fuwu Moshi Yanjiu）／张国志著 . —北京：中国金融出版社，2018.9
（金融博士论丛 . 第十九辑）
ISBN 978 - 7 - 5049 - 9643 - 5

Ⅰ.①种… Ⅱ.①张… Ⅲ.①种子—农业产业—农村—金融—商业服务—研究—中国 Ⅳ.①F326.1②F832.35

中国版本图书馆 CIP 数据核字（2018）第 151659 号

出版
发行　**中国金融出版社**

社址　北京市丰台区益泽路 2 号
市场开发部　（010）63266347，63805472，63439533（传真）
网上书店　http：//www.chinafph.com
　　　　　（010）63286832，63365686（传真）
读者服务部　（010）66070833，62568380
邮编　100071
经销　新华书店
印刷　北京市松源印刷有限公司
尺寸　169 毫米×239 毫米
印张　14
字数　215 千
版次　2018 年 9 月第 1 版
印次　2018 年 9 月第 1 次印刷
定价　40.00 元
ISBN 978 - 7 - 5049 - 9643 - 5
如出现印装错误本社负责调换　联系电话（010）63263947

摘　　要

种业是农业的核心，也是农业供给侧结构性改革和绿色发展的逻辑起点。金融是经济的血液，金融服务是推动现代种业发展的重要引擎。然而，受制于种业不确定性大、回报周期长、信息不对称和不完备等因素制约，种业发展的金融服务面临现实困难，具体表现在：从种业产业链上游来看，种业知识产权估值难；从种业产业链下游来看，种子生产主体与用种主体之间风险分担与管理难；从种业全产业链来看，组织化程度还较低。针对这些难点，需要根据种业产业链环节特点、风险承担主体特征以及金融需求，提出一定的理论解释，设计有针对性的解决方案来推动种业金融服务发展，为破解种业发展金融困境、提高种业竞争力做出贡献。

本文按照系统认识问题—分析问题—解决问题的整体思路，从种业产业链视角，应用多种学科理论和方法，将理论与实务纳入统一的分析框架，对种业发展的金融服务模式问题进行系统性研究，并给出数值分析和案例分析供决策参考。具体而言，全文共分为五个部分。

第一部分是系统认识，界定相关概念，分析我国种业整体发展现状与趋势特征，通过调查发现种业金融需求规模大、多元化、全链条需求趋势明显，但普遍面临金融困境。基于此，结合相关理论和金融实务，创新性地提出产业链视角种业发展金融服务模式研究的系统分析框架。

第二部分是种业发展金融服务的一般方式，分析种业发展金融服务一般方式（政策性金融、商业银行、多层次资本市场）的现状、机制以及典型模式，综合比较各方式的优势与局限性，为产业链视角种业发展金融服务研究奠定基础。在理论上，给出了信用担保机制作为一种增信机制对银行、种子企业、信用担保机构进行帕累托改进条件，可以增加社会对信用担保机制的认识。

第三部分是种业上游的金融服务模式，该部分主要抓住种业知识产权在种业上游种子企业资产中占比较大的特征，建立了种业知识产权资本化价值评价指标体系，引入完全市场下的线性无差异定价法和不完全市场下的效用无差异定价法，分析了种业知识产权质押融资和证券化模式，并讨论了金融机构向种子企业进行抵押贷款的决策。该部分的创新主要体现在应用上：提出针对种业知识产权特性的定价方法并给出数值分析结果，将金融机构贷款决策从外生风险敞口模型扩展到内生风险敞口模型，以顺鑫农科的运行为案例提供了参考方案。

第四部分是种业下游的金融服务模式，基于下游制种企业以及对接的用种主体特征与金融需求特点，该部分认为种业下游的金融服务的突破口在于利用金融实现风险分担与管理，提出种业保险创新和保险——信贷联动模式的解决方案。该部分的创新体现在：将演化博弈理论引入种业险种创新行为分析，并提供了供参考的数值分析和以隆平高科运行为案例的参考方案。

第五部分是种业全链的金融服务模式，考虑到大型种子企业金融需求和金融供给多样化的特征，该部分认为全链种子企业自身是其风险的实际承担者、金融平台组织形式在其中起到重要作用，为实现种业全链条不同类型主体的金融服务模式，提出种业投融资服务平台模式构建的集成解决方案。将生物学和产业理论中的共生（Symbiosis）理论应用于平台组织视角种业全链金融服务的机理分析，从线性互惠和非线性互惠两方面给出理论解释，发现互利共生对种业发展的金融服务模式具有积极影响，并以爱种网为例进行案例分析。

最后总结了全文的主要结论和政策含义，提出了研究的不足和进一步研究的可能方向。

关键词：种业 金融 产业链 知识产权资本化 投融资服务平台

Abstract

As the core of agriculture, seed industry is the logical starting point of agricultural supply side structural reform. Finance is the blood of economy, and financial services is the engine driving development of modern seed industry. However, due to significant uncertainty, long payback period, incomplete information and other factors, financial service for seed industry challenged by: from the perspective of upstream seed industry chain, it is hard to evaluate the intellectual property of the industry; from the perspective of downstream seed industry chain, it is hard to spilt and manage the main manufacture bodies and those who use seeds; in terms of the seed industry chain, the organization is not perfectly managed. For these difficulties, theories and solutions are needed based on the seed industry chain characteristics the main features of bodies to bear risks to promote the development of financial services for seed industry and contribute to solve the financial difficulties and improve competitiveness of the industry.

This paper develops into five parts in order of Propose-Analysis-Solution. From the perspective of seed industry chain, by applying multi-disciplinary theories and methods, the paper integrates theory with practice and conducts a systematic study of financial service model and provides solutions.

The first part concerns systematic recognition, definition of related concepts and analysis of overall development status and trend characteristics of China's seed industry, through the survey found that the scale of the financial needs of seed industry. Research shows that there are diversified and whole-chain demands for seed industry finance, but are faced financial difficulties. Based on this, combined with the theory and practice, a systematic analysis framework of seed industry development and financial service model research from the perspective of industry chain.

The second part concerns a general way of financial services for seed industry development, By analyzing the situation of the financial services (policy finance, commercial bank, multi-level capital market) situation, mechanism and typical models, comparing the advantages and disadvantages of the methods, the paper lays foundation for the research from the perspective of industry chain. In theory, the papers gives conditions for improving banks, seed enterprises, credit guarantee mechanism in pareto way to increase social awareness for credit guarantee mechanism.

The third part concerns the financial service model of the upstream seed industry, which, by focus on the big proportion of intellectual property of seed industry to the upstream enterprise capital, establishes the evaluation index system of industry capitalization of intellectual property. It also introduces a variety of pricing methods, analyzes pledge financing and securitization mode, and discusses decisions to provide mortgage loans to seed enterprises from financial institutions. The innovation in this part is mainly reflected in application: puts forward pricing methods for seed intellectual property characteristics and presents numerical results; expands lending decisions of financial institutions from external exposure model to the endogenous risk exposure model; provides a reference scheme of agricultural Shunxin as a case.

The fourth part concerns the downstream financial service mode, based on downstream seed enterprises and matching bodies characteristics and demands features of finance, this part believes breakthrough of financial services lies in sharing and managing risks by finance, and puts forward solution of industry innovation linked with insurance. Innovation embodied in: evolutionary game theory is introduced to analyze the seed insurance innovation and numerical analysis cases for reference.

The fifth part concerns financial service model of whole-chain seed industry. Considering financial demand of large seed enterprises and diversified financial supply, the part holds the whole chain of seeds enterprises is the actual risk takers, financial platform organizations plays an important role in it, proposes integrated solutions to construction of financial service platform. It also applies biology and symbiosis theory of industry theory to the mechanism analysis of the platform model construction and explains from reciprocity theory of linear and nonlinear reciprocity and concludes that mutualism has a positive impact on combination of seed industry with finance. Finally, Aizhong Website is applied as a case for analysis.

Key Words: seed industry, finance, industry chain, intellectual property capitalization, investment and financing services platform

目　录

第一章
绪　论

1.1　问题提出及研究意义

1.1.1　问题提出

粮安天下，种筑基石。种业位于农业产业链的最上游，是国家战略性、基础性核心产业，也是农业供给侧结构性改革和绿色发展的核心要素，具有不可替代的产业地位。作为现代农业发展的"生命线"，现代种业的发展在促进粮食安全、生物安全和农业可持续发展方面起到了举足轻重的作用。同时，种业是农业供给侧结构性改革和农业绿色发展的逻辑起点，农业供给侧结构性改革的深入推进，离不开种业管理体制的改革。近年来，国家出台多项举措推动种业发展，提出深化种业改革，逐步建立市场主导、种子企业主体的商业化育种体系，以此来保障国家粮食安全和生态安全。2016 年国家出台的《国民经济和社会发展十三个五年（2016—2020 年）规划纲要》《全国农村经济发展"十三五"规划》以及《主要农作物良种科技创新规划（2016—2020 年）》等六个规划均提出培育壮大具有核心竞争力的种子企业目标，保障国家粮食安全，将种业发展置于前所未有的战略高度。

金融是经济的血液，随着种业市场化改革的不断深入，种业发展的金融服务需求日益增加，种业金融服务问题开始受到各界的关注。培育具有国际竞争力的全链条大型种业集团、提升民族种业竞争力，必须充分认识到种业金融服务的重要性。从产业发展的角度看，产业集中度的提升、龙头企业的培育需要种业金融服务模式创新。自 2000 年《种子法》实施以来，我国种业开始迅速发展，截至 2016 年底，我国共有持证种子企业 4 316 家，在数量上比 2010 年的 8 700 家减少了 4 384 家，减少幅度约 50%，总市值超过 1 000 亿元。在种子企业规模类型上，资产总额≥10 亿元的 15 家，占比 0.30%；而资产总额＜10 亿元的 4 301 家，占比 99.7%。可见中小型种子企业占比较大，这种局面不利于中国种业面对国外种业龙头企业的冲击。根据国外的经验，种业龙头企业的培育需要运用金融资本手段进行兼并重组、对外投资。如中信集团出资 27.9 亿元入主隆平高科，中农发投资 12.6 亿元并购陕西潞玉等 8 家种子企业等。再如隆平高科、荃银高科等在东南亚、非洲、南美等地设立种子企业，中国化工集团公司签署 430 亿美元并购瑞士先正达协议等，由此也衍生出大量的融资等金融服务需求。

从种业发展的特点及其规律来看，现代种业属于技术、人才、信息、资金等要素密集型的高科技产业，高科技产业发展需要高资金投入，谈到高资金投入就离不开金融服务。在实际调查中发现，大约 90% 的种子企业在发展中都需要融资支持，其中年资金需求量 5 000 万元以上的种子企业占比约为 60%，在资金需求环节上涵盖了"育、繁、推"等种子产业链所有环节。具体而言，在育种创新方面，需要投入大量的中长期资金，不断完善传统育种能力，提升生物技术水平，升级品种测试体系。2016 年度种子企业科研总投入占种子销售收入的 5.2%，但仍落后于发达国家 8%—12% 的平均标准。其中，种子企业自主研发投入占比 84.5%，主要以种子企业自主投入为主。在种子生产加工方面，需要投入大量的中期资金进行装备升级，实现制种加工流通环节的机械化、标准化和精细化。在种子销售环节，需要大量的保险和融资服务。在种子技术服务方面，需要投入大量的中长期资金，健全人力资源体系，建立面向客户服务营销的大数据分析系统。总之，在种子产业链的各个环节，在种子企业生产的各个阶段，均需要金融服务介入。在种子企业选择融资方式方面，按需求强度依次为银行贷款、创业风险投资、资产并购重组、上市融资、关联企业投资等；在上市融资需求上，大约60%的种子企业都有上市融资愿望需求，对创业板、新三板的需求较大。调研分析表明：种业金融服务需求日益增加，且金融服务需求规模大、多元化、全链条需求趋势明显。

当前我国种业正处于改革关键期，优化种业发展的金融服务模式，不仅是种子企业微观层面的融资模式创新问题，更是关系到我国种业做强做大乃至通过培育具有核心竞争力跨国种子企业继而提升种业国际竞争力的宏观战略问题。然而，种业发展的金融服务却面临着现实的难点。其一，虽然2011年国家明确提出逐步建立以企业为主体的商业化育种新机制，但目前我国种业市场化程度、现代化程度不高，种业知识产权保护等制度仍不完善。其二，种业科研、生产、销售等各环节都存在较大的不确定性，从金融业的视角看，不论是处于种业产业链上游的种子企业、下游的种子企业，还是育、繁、推一体化大型种子企业，都普遍存在回报周期长、规模小、信息价值低、风险管理压力大等问题，由此造成现阶段种业发展金融服务存在较大的困难。根据对全国78家种子企业的问卷调查，发现在种子企业获得银行贷款的担保方式上，主要以固定资产抵押、土地使用权抵押、房产抵押等为主，而利用品种权质押方式的很少。种子企业面临最大的融资约束是抵押担保的限制，其次是金融政策约束、投融资人才短缺，还包括经营规模限制和品种权价值评估难等制约。由于种业的战略地位，种业发展的金融服务问题已经成政府、种子企业、金融机构、科教机构等主体普遍关注的焦点和难点问题。

为了改善种业发展的金融服务，促进种业科技创新，提高种业竞争力，在实践应用与理论研究上均进行了一定的有益的探索，但仍存不足。从实践层面来看，2016年5月由中国人民银行、农业部、银监会、证监会、保监会及国家外汇管理局联合出台了《关于做好现代种业发展金融服务的指导意见》（银发〔2016〕154号文），提出了创新信贷产品、拓宽融资来源、搭建银企对接平台以及完善配套体制机制等种业金融服务的思路举措。

国家出台的《全国现代农作物种业发展规划》（2011—2020 年）中明确指出要支持种子企业通过兼并、重组、联合、入股等方式集聚资本，引导发展潜力大的种子企业上市融资，要积极引导、广泛吸引社会资本和金融资本投入农作物种业。2013 年财政部联合中国农业发展银行、中化集团出资 15 亿元成立了现代种业发展基金，江苏、吉林、福建、陕西等省也成立了针对种业的发展基金及商业化育种专项基金。2014 年成立了国家种业创新基金，提出深化再造种业创新基金体系。中国人民银行、银监会出台了支持种业发展的相关意见。国家开发银行下发了《国家开发银行关于贯彻〈国务院关于加快推进现代农作物种业发展的意见〉的实施意见》，明确了支持种业发展的四大领域；农业发展银行也提出信贷资源向育、繁、推一体化种子企业倾斜的举措。在种业保险方面，采取逐步推进政府支持、种子企业参与、商业化运作的种子生产风险分散机制的建立，宁夏、甘肃、江苏等省先后出台政策实施种子、种苗保险试点工作，杂交水稻、玉米和小麦繁制种保险试点达 160 万亩以上，增强了种业基地、种业产业链制种环节的风险防控能力。但是，由于种业产业链自身的信息严重不透明——主体的复杂性、环节关系的模糊性、种业科技创新的灰色性、投入产出的不确定性，加之金融资本秉承安全、效率原则，从自身风险收益匹配出发确定业务方向，导致种业发展金融服务的难度较大、难点较多、层次较低、质效堪忧。从理论研究层面看，目前对种业金融方面的研究主要从商业银行融资、上市融资、政策性金融、风险投资基金、品种权证券化融资等不同角度展开论证与分析，仅集中在种业金融具体的某一角度、某一方面展开并提出了相应的局部化解决对策，具有一定的借鉴价值，但是也存在明显的不足：一是整体性不足，即现有研究成果未涵盖种业全产业链、金融全业态以及种业金融服务的多种形式。二是系统性不足，即现有研究成果未能就种业发展的金融服务问题形成完整的理论框架。三是创新性和指导性不足，即现有的研究成果对种业发展的金融服务问题没有给出创新性的解决方案，对理论和实务操作中的难点问题没有给予正面回应。

　　为了突破上述瓶颈问题，本文在查阅大量国内外相关文献、对典型种子企业进行问卷调查、参加种业发展论坛、与国内种业相关专家和高管人员进行研讨交流的基础上，从产业链视角对种业发展的金融服务问题进行系统性研究，从理论和实务角度研究种业链各环节的金融服务模式，为破解种业发展的金融困境、提升种业竞争力、促进种业可持续发展提供参考方案。本研究旨在从管理学、金融学、经济学、产业金融、科技金融、系统科学、产业金融工程学等多学科综合集成的全新视角，以战略管理的思路、运用体系化的理论方法，通过对种业发展金融服务的系统认识，分析我国种业发展金融服务一般模式及其机制的基础上，重点从产业链环节的视角出发，围绕种业产业链上游、下游以及全产业链的主体特征、风险特征以及金融服务需求，对种业发展金融服务过程中的种业知识产权资本化、种业保险及保险信贷联动、平台组织优化构建等问题进行了深入研究。从理论上，初步建立了产业链视角种业发展金融服务模式研究的系统分析框架，从实践上，为优化我国种业发展金融服务提供可操作性的解决方案。

1.1.2 研究意义

理论意义。目前直接研究文献不多，从现有研究来看多从种业金融的某一点或某一环节展开，还未见从产业链视角对种业发展金融服务模式的系统性分析。本研究在前人相关研究的基础上，从种业产业链视角出发，应用多学科理论和方法，创新地提出了产业链视角种业发展金融服务模式研究的系统分析框架，对种业发展的金融服务问题进行系统性研究，在一定程度上弥补了产业链视角种业发展金融服务模式研究的空白，丰富了种业金融研究的内容，也开拓了我国种业金融研究的新视角。

实践意义。本研究从我国种业发展金融服务的现状问题出发，以提高中国种业竞争力促进现代种业发展、保障国家种业安全战略为宗旨，将理论和实务纳入统一的分析框架，提出了针对种业产业链不同环节、不同类型主体的金融服务模式，解决了产业链上游种业知识产权资本化、下游种业保险以及保险与信贷联动、全链条平台组织优化过程中所面临的难点、痛点问题，提出了切实可行的解决方案，可为政府部门对种业金融资源的统筹管理以及金融机构与种子企业的战略决策提供可操作性的思路、手段和方法，对于推动种业发展和种业强国建设，具有重要的现实意义。

1.2 国内外研究综述

根据种业发展金融服务需求与金融供给双重视角以及我国现行金融体系出发，旨在了解种业金融的研究进展，本书主要从种业发展金融需求、政策性金融、商业银行、资本市场、种业保险、保障机制、国际经验借鉴等七个方面进行文献综述如下。

1.2.1 关于种业融资需求的研究

在种子产业链发展的育、繁、推等不同环节以及种业发展的不同阶段均存在着广泛的融资等金融需求。Vijay K. jolly（1997）就指出技术创新的各个阶段都存在风险因素，其中最大的风险就是投资中断。Pray（2001）研究发现市场化改革使印度种业之间的竞争加剧，为此种子企业增加了对种子研发资金的投入。仇焕广、徐志刚、蔡亚庆等（2013）在对我国种子产业发展历程、政策、市场环境以及与国外比较研究分析的基础上，对我国粮食种业发展趋势、未来投资重点以及主要融资需求进行了预测，他们研究发现目前种子企业融资主要用于种子研发、商业育种、种子产品推广以及进行兼并重组整合等，并预计到 2020 年，我国种子市场的融资总缺口为 873 亿元。张世煌（2015）分析了我国种业资源配置效率低、种业内部市场主体发展不足以及体制冲突等导致发展缓慢的缘由，深入剖析了种业发展面临的投资数量和强度不足，投资渠道、资本集中度以及发展方向等问题，他认为中信、中农发等非农资本进入种业，可为种业改革创新奠定基础，激发种业市场活力，同时提出在种业改革和创新发展过程中要发挥种子行业协会的作用。王晖、吴龙军（2012）调查发现种子企业由于应收账款和存货过多造成营运资金不足的问题，提出要依靠信息科技选育生产优质市场畅销种子、加强售前与售后服务、管理规避风险等措施来提高资金周转率。以上文献综述表明，诸多学者研究并预测了种业发展过程中大量的金融服务需求，随着市场主导、种子企业为主体的商业化育种体系建立以及种业改革的不断深化，种业发展面临着巨大的融资缺口，这是由种业产业特征以及种业发展趋势共同决定的。

1.2.2　关于种业政策性金融服务方面的研究

鉴于种业的基础性、战略性基础地位，政策性金融在种业发展过程中发挥着特殊的重要作用。国际上，法国是最早成立政策性金融机构的国家，即 1982 年成立的 the Credit Foncier 和 the Credit Mobilier，主要为国民经济发展中重要产业提供低利率的贷款（William Diamond，1957）。我国目前政策性金融主要以三大政策性银行为主，在这方面的研究上，李巧莎、杨伟坤、杨蕾（2014）分析了农业科技创新的财政金融支持不足、补贴少、渠道狭窄、风险补偿机制缺位等问题，提出要发挥财政资金引导作用等建议。李楠、张涛剑、段青（2015）分析了种业发展现状，提出整合财政、科技、金融政策等扶持种业发展的设想，进而建立"政府 + 银行"对接机制，支持育种基地建设，支持种子企业发展。李梅兰（2013）分析了金融支持农业科技创新事实上存在的供需难以匹配、风险与收益难以匹配等难点问题，提出"涉农科技创新基金 + 涉农科技创新引导基金""农业科技贷款"以及"银行贷款 + 保险"或"银行贷款 + 担保 + 保险"等农业科技创新的金融支持模式。赵峰、徐志平（2012）从政策性金融机构农发行角度调查分析了支持种子企业存在的种业市场监管、企业经营管理、担保能力不足、信贷品种与企业不匹配、贷后监管难、创新担保不足等问题，认为要从加强政策引导、明确标准、创新机制、完善服务等方面支持种业发展。蔡瑞林、陈万明、鲍世赞（2016）将农业政策性引导基金分为农业基础设施产业发展基金、混合所有制改革促进基金和农业开发创新投资基金等三类，对其功能定位、运行组织、投资回报以及退出机制等进行了分析，针对运作中交易成本、不完全契约以及利益分配等难点问题，提出适当让渡社会资本收益的退出机制、增加基金运作的透明度、确保引导基金的农业投资导向、提高基金依法治理能力、建立相关鼓励机制等对策。祝顺泉（2013）认为保障国家种业安全和有效参与国际种业竞争是做强我国种业的两个重要标志，认为要发挥政府资金的政策导向作用，从现代种业发展基金角度要深化对种业产业发展规律的认识，科学运作基金、准确把握投资合作方式来支持种业企业做强。刘祚祥（2014）认为以银行为主的金融体系难以为种业创新提供金融支持，提出完善以股权合约为组织内容的"现代种业发展基金"与"国家种业创新基金"的金融功能。上述研究表明，种业的基础性、战略性基础地位决定了政策性金融在种业发展过程中发挥特殊的重要作用，构建我国种业金融创新体系是提高我国种业国际竞争力的战略选择。但需要解决公共性与营利性、风险性与安全性、供给与需求之间三大矛盾性问题。

1.2.3　关于种业商业银行服务方面的研究

由于中国金融结构的原因，银行贷款仍然是企业获得融资的主渠道。就种业企业与商业银行的合作而言，韩蕴（2010）分析种子企业资金不足主要体现在政府专项投入少、前期投入资金短缺、流动资金缺口大、设备改造资金少等四个方面的问题，阐明金融机构对种子企业贷款的主要障碍在于种业收益低、附加值较小、风险大、周期长、信用水平不高等原因，认为要加强政策的引导功能，制定规划、做好信用评级、创新有效的担保方式、防控风险等方式支持种业发展。魏作会、史召亮、郭晓亚等（2010）分析了从银行、中小型种子企业两方面存在的影响贷款难的原因，并从企业、银行、平台三个角度提出了发展对策。高磊、邵长勇（2012）分析了现代种业发展金融面临的政策不足、知识产权变现难、缺乏专业龙头、融资渠道单一等问题及原因，认为要出台种业行业信贷政策、探索种业产业链金融模式、加快金融产品创新、建立政府主导各金融机构参与的农业保险体系等建议。尹士（2015）以 KF 种业公司为例研究发现种业企业在融资渠道上过多地依赖于债权融资，对其融资环境进行 SWOT 分析，并基于主成分 Fisher 判别方法，认为种业企业应以股权融资渠道为主，包括挂牌新三板、实施内部股权融资；以债权融资渠道为辅，包括债券融资以及植物品种权融资等方式。同时提出要通过提高资金使用效率和信息可信度保障公司融资。季牧青（2015）主要从商业银行融资角度探讨了种业金融服务问题，在分析了种业市场发展现状、种子企业运营状况以及种子行业发展趋势的基础上，提出加大对骨干企业的支持力度、优化种业企业客户结构、创新提升服务能力，重点拓展产业链融资。为了解决种子企业银行信贷融资过程中抵（质）担保不足问题，部分学者提出了创新种子知识产权抵押方式，如袁国保、张春桂（2005），邢岩、陈会英（2008），仇书勇、龚明华、陈璐（2009）等。毋庸置疑，商业银行融资仍是我国种子企业最主要的融资渠道之一，但是由于抵押担保不足以及种业回报周期长、收益低、风险大、信用水平不高、风险管理难等因素造成融资障碍，部分学者提出通过种业新品种权质押担保解决种业与商业银行之间抵押担保难题，同时，从种业企业的风险特征与金融服务需求出发，创新金融产品、金融工具以及金融服务方式等是关键。

1.2.4 关于种业资本市场方面的研究

资本市场是种子企业融资的重要渠道之一，也是种业与金融结合的重点领域之一。截至2015年底，我国种子企业通过主板上市企业有9家，通过新三板挂牌20家，有12家种子企业实现股权交易融资，同时有23家种子企业在6个区域股权交易中心登记挂牌。在种业资本市场方面研究上，卢凤君、赵大晖（2002）分析了我国种业利用资本市场的特点、经验、问题以及原因，提出提高种子企业经营管理水平、健全中介机构、完善法律环境、加快产研融合、加强人才培养等措施，旨在促进种业与资本市场结合。杨雅生（2009）以奥瑞金为例，分析了种子企业利用海外上市融资的可行性，提出利用海外上市平台来发展我国种业。隋文香、温慧生（2007）介绍了SPAC方式以及奥瑞金如何利用SPAC实现海外上市，认为海外上市为种子企业提供了资本运作的新路径。佟屏亚（2015）认为新三板为种业搭建了资本市场平台，新三板对种子企业的价值体现在品牌效应、扩大融资渠道和规范企业管理三个方面，认为种子企业要把握机遇，遵循规范化的运作管理利用好新三板。上述文献表明，种业企业能够利用多层次资本市场得到资金支持，获得快速发展，改善经营绩效。

1.2.5 关于种业保险方面的研究

种业保险是农业保险的重要内容，也是农业金融的重要组成部分，种业保险本身也是种业与金融结合的一个方面。王璐（2011）认为创新发展种业产业链环节保险是分担种业风险、促进各类资源向种业企业流动的制度创新。方华、龙文军、李冉（2012）基于湖南耒阳市杂交水稻制种风险由制种企业和农户承担的问题，提出应将制种保险纳入国家农业保险财政补贴范围，建立"保险公司＋制种企业"的制种保险运作模式。李冉、龙文军、方华（2013）通过对湖南、江苏两省杂交水稻制种保险的调查，发现种子生产需要种业保险，但种业保险面临保障水平低、缺少配套资金、风险分担与参与机制不完善等问题，提出推行"保险公司＋制种企业＋农户"方式，实行国家补贴、将制种保险纳入政策性保险、设立单独的杂交水稻保险、完善种业保险分担体系等建议。吴钰、蒋新慧（2013）分析了我国农业保险存在的风险保障能力不强、财政补贴制度不完善、保险服务不配套以及市场创新活力不足等问题，提出保险业服务农业风险保障等方面的优化思路。龙文军、王德卿等（2014）分析了我国种业发展面临的自然风险、市场风险、技术风险、社会风险等主要风险，认为种业保险在保险标的成本、保费缴纳主体、保险经营风险等方面与一般种植业保险不同，提出合理确定保险金额、明确保费来源、加强组织领导的政策框架。佟屏亚、刘琴（2014）分析了种业面临的生产周期、资金运营、品种结构以及气候异常等风险，认为种业规模小、资金少、风险分布广、市场信号滞后、抗风险能力不强，为此提出要发展种子保险来保障种业发展。通过以上文献综述可以看出，学者们已经达成共识，普遍认为发展种业保险是解决种业风险问题的有效措施，目前的研究多集中在制种保险险种发展上，并对"保险公司＋制种企业＋农户"的运行模式进行了探索。从整体上来看，种业发展的保险服务还有待进一步深化研究。

1.2.6　关于种业金融保障机制方面的研究

现代种业发展的金融服务，有效的机制保障是成功与否的关键。在种业发展金融服务的机制上，贾敬敦、吴飞鸣、孙传范等（2014）认为农业科技与金融的结合是通过资本形成机制、风险分散机制、信息揭示机制、激励约束机制、自由竞争机制以及支撑保障机制等六大机制来实现有效运行的。在发展种业保险的保障机制方面，吴钰、蒋新慧（2013）认为在发展农业保险上，要建立农业保险推进部级协调机制、财政支出的潜在风险分散机制以及农业保险创新保护机制等。李巧莎、杨伟坤、杨蕾（2014）认为要借助保险和担保的制度安排完善风险补偿、风险分担机制，以此推动农业科技创新。方华、龙文军、李冉（2012）认为推进制种保险的发展，要建立多方协调的制种保险工作机制。邢岩、孙兆东、陈会英（2010）提出在植物品种权入股问题上，要通过建立健全利益分享机制、激励机制、信誉机制等来保障植物品种权入股的顺利进行。高磊、邵长勇（2012）认为由于种业面临的自然灾害、质量问题、库存压力、同业竞争大等原因给银行信贷资金造成一定风险，因此要强化种业贷款的贷后管理工作，完善有效的风险防范机制。文文（2014）认为要拓宽种子企业融资渠道，要建立完善种子企业信用担保机制。张国志、卢凤君等（2015）从利益分配机制、价值回报机制和支撑保障环境等方面提出了成长型种子企业利用风险投资融资的对策。上述文献从不同角度分析了建立种业金融服务保障机制的重要性，也从不同的角度阐明，在研究种业发展金融服务时，必须要注重相关保障机制的建立和完善。

1.2.7　关于种业金融国际经验借鉴方面的研究

国内学者主要针对美国、日本等发达国家的种业金融发展经验展开总结研究，在此基础上，提出了推动中国种业发展金融服务的建议。张燕、王欢（2014）研究了日本以银行借贷为主的农业科技成果转化融资模式和美国以资本市场为主的农业科技成果转化融资模式，认为融资结构、法律制度、政府参与程度是影响模式选择的主要因素，通过对融资效率和融资风险的分析，提出了完善政策法规、信用评价与担保、规范产权交易市场、发展风险投资、创立基金等建议。曹若霈（2014）研究了美国农业科技金融体系，主要包括政策性金融机构、农村合作性金融机构以及商业性科技金融机构，认为美国农业科技体系与农业科技企业成长的阶段具有匹配关系，如在农业科技创新加速器（Accelerator）阶段提供中长期创业贷款，在成长期（Growth）阶段采用应收账款质押等供应链融资方式提供流动资金贷款，在公司金融（Corporate Finance）阶段向企业提供现金管理和全球财务解决方案，由此提出完善农业科技金融服务体系、发挥政府作用、丰富支持政策等建议。黎红梅、汪邹霞（2016）研究了美国农业科技创新多元化的金融支持模式、日本农业科技创新以银行支持为主导的模式、以色列农业科技创新以政策性金融为主的模式，认为中国应该借鉴这些经验，在政府支持、资本市场、风险投资、法律保障体系等方面推动农业科技金融发展。

在国际上，众筹融资模式已经广泛应用于农业领域，而我国农业领域众筹融资模式包括种业众筹融资还属于起步发展阶段。廖曦、加西亚、廖传惠（2015）研究了美中两国众筹融资模式，认为美国的农业众筹项目以农业高科技项目股权众筹为主，而我国农业众筹存在规模小、首次筹资成功率低、再次筹资成功率更低等问题，提出创新众筹模式、加强风险管控等建议。李洪杰（2015）研究分析了中国种业众筹模式发展滞后的原因，发现研发体制活力不足、企业单独竞争的低端现状、育种水平差距较大是根本原因，认为众筹商业模式是当前种业发展的较好选择，是种业发展"弯道超车"的唯一途径，我国应该重视并推广这一途径。

综上所述，诸多学者已经认识到优化种业金融服务、创新种业发展金融服务模式的重要意义，从当前的种业发展的政策环境、市场环境、产业环境、法律环境等变化来看，越来越有利于种业金融服务发展。在如何结合上，均提出了积极发展政策性金融、商业银行融资、上市融资、资本市场、风险投资等服务方式。多数学者认为种业发展金融服务的关键是金融创新，通过不断创新金融产品、金融工具、金融服务和提升种业主体发展能力以及发展金融中介机构等方式来解决。同时指出，借鉴国外发达国家种业金融服务经验也可以推进我国种业发展的金融服务模式创新。

1.2.8　已有研究的观点和不足

（1）基本观点

第一，金融对于种业发展具有重要意义，随着种业改革的深入发展，优化种业金融服务，创新种业发展金融服务模式已经成为推动现代种业发展的必由之路。种业改革和市场主导、企业主体的现代种业体系的深化发展，现阶段种业发展的宏观环境、中观环境和微观环境等的变化，越来越有利于种业金融服务创新发展。

第二，种业发展金融服务具有一定的阶段属性、特定的产业属性特征。以市场主导、种子企业为主体的商业化育种体系应以商业银行融资、上市融资、风险投资等市场化方式来解决有效资金需求问题；政府重点解决种业基础性、公益性、公共性研究领域的资金需求问题，并有效发挥政府政策支持与投融资引导等功能。

第三，优化种业发展金融服务的关键是创新，种业品种权质押是解决种业金融服务抵押担保的有效方式，而通过发展制种保险可以提升种业发展的风险保障能力。通过创新金融产品、金融工具可以提高种业金融服务水平，通过创新种业知识产权抵押担保方式、提升信用水平以及发展金融中介机构等可以在一定程度上解决种业企业融资难题。

（2）不足之处

种业发展的金融服务研究属于较新的命题，直接的研究文献并不多，已有研究主要是对政策性金融、商业银行融资、资本市场以及种业保险等方面在某一视角展开研究并提出解决对策，还未见体系化的种业金融服务方面的研究，已有研究存在以下不足。

第一，在对种业金融服务模式的认识上，缺少对种业金融服务问题的体系化研究。已有相关研究综述可知，国内外学者从政策性金融、商业银行、资本市场、种业基金、种业保险以及创新种业知识产权抵押担保方式等某一视角展开了一定的研究，而种业金融服务是一项复杂的系统工程。

第二，在理论上，缺少对种业发展的金融服务模式研究的理论体系的建立。已有相关研究综述可知，国内外学者从种业改革、种业科技创新、种业投融资、抵押担保等视角进行了一定的理论探索，对种业金融理论发展起到了推动作用，也为种业发展金融服务模式研究提供了一定的理论基础，但尚未形成整体性、综合性的理论体系，使得在分析种业金融服务模式问题上出现浅而散的问题。

第三，在优化种业金融服务问题的方法上，从种子产业链各环节主体的角度研究种业金融服务的文献较少，针对性不强，缺少针对种业产业链上游研发型种业企业的产业结构特征、风险特征的金融服务模式研究，缺少针对下游种业主体的风险分担与管理机制的研究，缺少针对育、繁、推一体化大型种子企业以及种业全链条不同环节、不同类型主体的金融服务模式的优化与创新。

1.3　研究目标、内容、方法、思路和技术路线

综合前人研究的基础与存在的不足，本书立足中国特色与国际化发展的需要，从我国种业发展金融服务模式的现状分析出发，以种业发展金融服务的供求平衡为主线，从产业链视角对种业金融服务模式问题进行系统性研究，以期通过种业发展金融服务模式的优化，推动现代种业发展。

1.3.1　研究目标

（1）通过对种子企业调研，分析我国种业发展特征和金融需求特点，明确种业产业链环节的金融需求，分析种业金融服务的影响因素，发现种业发展金融服务的一般机理，提出种业发展金融服务模式研究的系统分析框架。

（2）对种业发展的政策性金融、商业银行、多层次资本市场等一般服务方式的现状特征、机制以及典型模式进行分析，初步为异质性种子企业选择适合自身的金融决策路径提供参考，奠定基于种业产业链环节的金融服务模式研究的基础。

（3）分别解决基于种业产业链不同环节、不同主体金融服务模式优化的关键问题，破解种业金融困境：在种业产业链上游金融服务上，构建种业知识产权价值评价指标体系，引入种业知识产权定价模型，给出种业知识产权资本化视角下质押融资模式和证券化模式；在种业产业链下游金融服务上，针对下游制种企业以及对接的用种主体的特征与金融需求，提出保险险种创新和保险与信贷联动模式，引入演化博弈理论分析并提供数值

分析案例以供参考决策；在种业全链金融服务上，分析育、繁、推一体化种子企业的财务公司模式与平台众筹模式。

（4）构建解决种业全链不同环节、不同类型主体金融服务的种业投融资服务平台模式。给出种业发展金融服务的集成解决方案，将共生理论应用于平台视角种业发展金融服务的机理分析，将种子企业和金融机构之间线性互利模型扩展到非线性互利模型，从种业投融资服务平台的设计、实现和实例提供了种业和金融共生多赢的参考方案。

1.3.2 研究内容

本研究从种业发展金融服务的现状出发，建立了种业金融服务模式研究的理论框架，在对一般方式分析的基础上，重点从种子产业链视角出发，针对产业链环节的主体特征与金融需求，研究种业发展金融服务模式优化与创新问题。主要包括以下内容。

第一部分：种业发展金融服务的系统认识。包括第一章、第二章内容，该部分对相关概念进行了界定，分析了我国种业的整体现状与特征，通过对78家种子企业的问卷调查，分析了种子企业的金融需求特点；将相关理论和实务问题纳入统一的分析框架；将决策理论中的决策试验与实验评估（Decision-Making Trial and Evaluation Laboratory，DEMATEL）方法引入种业金融服务的决策分析，为其中关键因素信用水平、种业平台发展程度以及种业知识产权利用水平等的定位和决策提供科学依据和方向；总结和提出了基于种子产业链视角的种业发展金融服务模式研究的思路，将相关理论和实务问题纳入统一的分析框架。

第二部分：种业发展金融服务的一般方式分析。主要包括第三章内容，阐述了种业发展不同金融服务方式（包括政策性金融、商业银行、多层次资本市场）的现状、问题、机制及典型模式，并运用商业管理理论中的商业模式画布（Business Model Canvas，BMC）方法，从产业链视角综合比较三类基本方式的优势和局限性，为针对种业产业链不同环节、不同类型主体金融服务方式选择提供一种可操作的工具，为异质性种子企业选择适合自身的金融服务决策提供参考，为接下来基于产业链视角种业发展金融服务模式研究奠定基础。

第三部分：基于不同视角的种业产业链环节、主体的金融服务模式。该部分内容是本书的关键，包括第四章、第五章、第六章。第四章主要研究种业上游主体的金融服务模式。种业上游的主体主要是研发型种业企业，此类种业企业的资产结构中，作为无形资产的种业知识产权占比较大，基于这一特征，其金融服务的重点突破口在于知识产权的资本化。这部分重点研究种业知识产权价值评价体系构建、种业知识产权定价方法选择以及种业知识产权资本化应用模式即种业知识产权质押融资模式和证券化融资模式等。第五章主要探讨种业下游主体的金融服务模式。种业下游的主体主要是制种企业以及用种主体，通过用种环节对接市场最终消费者。其金融服务模式的突破口在于利用金融实现风险分担与管理，这部分重点研究了种业保险险种创新模式和保险——信贷联动模式，并以隆平高科的运行为例进行案例分析。第六章主要探讨种业全产业链主体（包括育、繁、推一体化大型种子企业）以及产业链不同环节、不同类型主体的金融服务模式。鉴于育、繁、推一体化大型种子企业处于产业链的核心地位，首先探讨了大型种子企业财务公司模式和针对种业产业链不同环节不同类型主体的种业平台众筹模式；其次将生物学和产业理论中的共生（Symbiosis）理论应用于平台组织视角种业金融服务模式的机理分析，将种子企业和金融机构之间线性互利模型扩展到非线性互利模型；最后为了促进对种业全链条主体的金融服务，从平台组织优化视角，提出构建种业投融资服务平台的集成解决方案，从种业投融资服务平台的设计、运行和实例提供了共生多赢的参考方案。

第四部分：结论与建议。第七章，总结了全书的主要结论和政策含义，指出了未来相关研究的可能方向。

1.3.3　研究方法

本书综合使用多种理论与研究方法。具体包括：

（1）文献研究法和调查研究法

在研究过程中，对种业金融国内外相关研究文献进行了收集阅读和总结分析，对典型种子企业金融需求状况开展了问卷调查，利用参加全国种子双交会、种业发展论坛以及种业相关课题研究的过程，与国内种业相关专家和种子企业的高管人员进行研讨交流，发现种业发展金融服务的主要需求和面临的主要问题，提出了基于产业链视角种业发展金融服务模式研究的系统分析框架。

（2）归纳与演绎相结合的方法

本书在分析种业发展金融服务的一般方式时，使用了归纳的方法；在阐述种业发展金融服务的机制过程中，使用了数理推演的方法，利用数理经济学模型分别对政策性金融、商业银行、多层次资本市场等服务种业的作用机制进行了深入分析；同时利用数理经济学模型对种业知识产权定价、平台组织的运行机理、种业保险的风险分担与管理等问题进行了深入阐述。

（3）定性与定量相结合的方法

本书在研究种业发展金融服务的关键影响因素时，用了 DEMATEL（决策试验与实验评估方法）模型，利用实际调查数据进行了实证分析；在阐述种业的一般发展金融方式的运行机制分析中，使用了梳理推演的方法，利用数理经济学模型分别对商业银行、多层次资本市场等金融服务的机制进行了定性分析。

（4）案例分析方法

本书在研究种业产业链上游知识产权资本化视角的种业金融服务模式的过程中，以顺鑫农科为例进行了深入剖析；在研究种业产业链下游保险视角的种业金融服务模式过程中，以隆平高科为例进行了深入剖析；在研究平台组织视角种业全链金融服务模式的过程中，以爱种网为例进行了深入剖析。通过典型案例的深入剖析，使研究所提出的解决方案具有较强的指导性和操作性。

1.3.4 研究思路及技术路线

本书按照"认识问题—分析问题—解决问题"的整体研究思路，对种业发展的金融服务模式问题展开体系化的研究。具体的技术路线如图 1 – 1

所示。

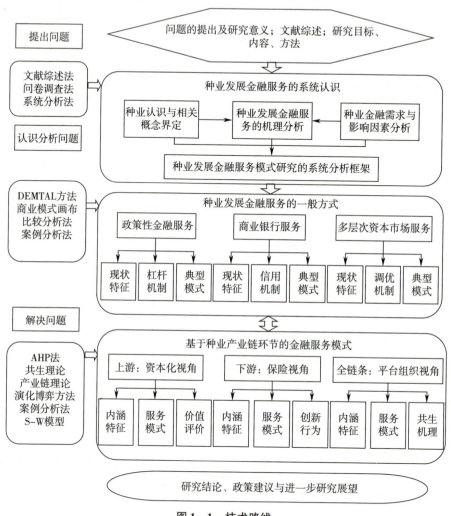

图1-1 技术路线

1.4 研究特色与创新之处

1.4.1 研究特色

（1）多种学科有交叉。种业发展金融服务是一项复杂的系统工程，在研究过程中融合了管理学、运筹学、产业金融学、产业金融工程学以及风险管理等多种理论和调查研究、系统分析、案例分析、商业模式画布等多种方法对种业发展金融服务问题展开系统性研究，具有较强的综合性和交叉性。

（2）统分结合有秩序。基于"统"主要对种业发展金融服务问题体系化认识基础上形成系统分析框架；基于"分"主要按照产业链逻辑，分上游主体—下游主体—全产业链主体，研究解决种业全链条主体金融服务模式创新问题；最后对全书的研究进行总结，提出政策建议，具有较强的体系性和结构性。

（3）实践应用有融合。种业发展金融服务是涉及种业金融需求与金融供给以及政府和中介机构等多主体，本研究基于产业链不同环节的主体风险、成本收益、资产结构等特征，从理论出发，提出了切实可行、体系化的种业全链金融服务的解决方案，对政府、种子企业、金融机构以及相关中介机构等都具有指导意义。

1.4.2 创新之处

针对具有很强现实意义的种业发展金融服务模式的实务问题，本书采用跨学科的理论与方法进行了系统性研究，可能的创新之处在于：

（1）提出产业链视角种业发展金融服务模式研究的系统分析框架。对种子产业链进行了界定，调查发现种业金融需求规模大、渠道多元化，并且与种业链条环节相关的特征。在此基础上，提出了产业链视角种业金融服务模式优化的思路，将相关理论和实务问题纳入统一的分析框架。

（2）对种业产业链不同环节的风险承担主体特征与金融需求提出一定的理论解释，并设计了相应可供参考的解决方案。从理论上解释了种业产业链各环节的金融服务以及风险承担主体特征和关键问题：种业产业链上游主体金融服务的种业知识产权估值定价难问题、种业产业链下游主体金融服务过程中种子生产主体与用种主体之间风险的分担与管理难题、种业全产业链金融服务的组织化难题。针对这些难题，设计相应解决方案来优化种业发展金融的服务模式。

（3）给出了种业上游金融服务过程中种业知识产权价值评价与定价方法。在借鉴国内外相关研究的基础上，考虑种业知识产权多维度信息，利用层次分析法（AHP）构建了包括技术、经济、市场、法律等 4 个方面 12 项子指标的价值评价指标体系，进一步讨论了种业知识产权的定价方法，并给出了适合我国种业知识产权特性的不完全市场下的效用无差异定价法。

（4）综合应用多学科理论与方法。综合运用管理科学的决策理论、数理金融的定价理论、微观经济学的博弈理论等理论以及将商业管理理论中的商业模式画布（BMC）方法引入种业发展金融服务模式的决策分析、给出了信用担保机制作为一种增信机制的帕累托改进条件、将金融机构向种子企业进行抵押贷款的决策从外生风险敞口扩展到简单的内生风险敞口模型、利用共生理论分析了平台视角种业发展金融服务模式的共生机理，将种子企业和金融机构之间线性互利模型扩展到非线性互利模型。

第二章

种业发展金融服务的系统认识

  本章在文献查阅、专家访谈、实际调研和理论分析的基础上，对种业发展金融服务涉及的相关概念进行界定，并给出了本研究所涉及的相关理论基础；分析我国种业发展的现状与趋势特征；通过对典型 78 家种子企业的调查问卷，发现种业产业链上游品种选育和种质材料创新环节金融需求最大，其次是中下游生产加工与种业基地建设等环节，种业发展的金融服务需求呈现出向种子产业链延伸的趋势特点；将决策理论中的决策试验与实验评估方法引入种业发展金融服务的决策分析，发现信用水平、种业平台发展程度以及种业知识产权利用水平等关键影响因素，将相关理论和实务问题纳入统一的分析框架，提出种业产业链视角种业发展金融服务模式研究的系统分析框架，为下文研究提供分析基础和思路框架（见图 2 - 1）。

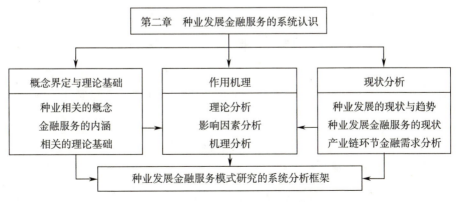

图 2 - 1　本章研究思路及主要内容

2.1 相关概念的界定与理论基础

本小节主要是围绕种业发展金融服务研究所涉及的相关概念和理论基础进行简要的描述。主要包括：第一，对种业、种子企业、种子产业链进行概念确定，并对种业属性特征进行简要分析；第二，对本研究中涉及的金融、金融服务的内涵予以明确界定，对模式进行界定；第三，在对种业、金融、模式予以明确界定的基础上，对种业金融服务模式的内涵进行概念界定；第四，主要理论基础包括产业金融理论、产业金融工程理论、科技金融理论等。

2.1.1 种业相关的概念

（1）种业的含义

一般而言，种业是种子产业的简称，是以种子商品化为核心而形成的一种自成系统的物质性生产性行业，也是一个为农作物生产提供基本生产资料的特殊行业（高洁，2014）。自2010年新《种子法》颁布实施以来，我国种业开始快速发展，截至2015年底，我国种子总市值超过1 000亿元，本研究所指种业侧重于农作物种业。

（2）种子企业的含义

种子企业是与种子经营相关企业或部门的集合体，真正意义上种业的形成是以种子公司的出现为典型的标志。2011年国家首次明确了种子企业是商业化育种及种业创新发展的主体。截至2016年底，我国持证种子企业4 316家，其中"育、繁、推"一体化种子企业90家。在整体上位于种子产业链上游的研发型种子企业所占比例偏小，而种子产业链下游的制种推广型种子企业偏多，在企业的规模上，90%以上属于中小型企业。

（3）种子产业链的含义

种子产业链是指在种子产品的生产、加工和经营过程中所包含的各个环节构成的整个纵向链条（见图2-2）。一条完整的种子产业链是以产业之间的分工和合作为前提的，具有品种选育、种子生产加工、种子经营三大基本功能以及相应的功能环节（靖飞，2007）。为了研究分析的需要，在本书基于种子产业链环节与金融结合研究的过程中，界定为产业链上游包括品种选育以及种质资源创新，而将种子生产和推广经营以及用种主体统一界定为产业链下游。

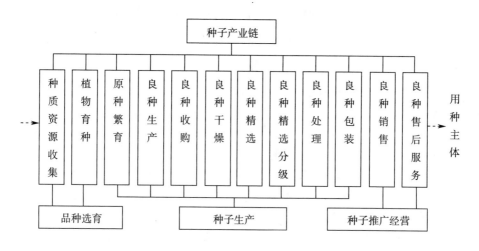

图 2-2　种子产业链

（4）种业属性特征

种业具有显著的公益性、公共性、基础性、战略性、社会性、外部性以及周期长、风险大等基本的属性特征，种业的独特性贯穿于种子产业链的各个环节。

在产业链的上游品种选育环节，品种创新研发依赖于传统育种技术与现代生物育种技术相结合，并且向现代生物育种技术发展的趋势明显，种子品种创新研发周期长、资本投入大且需要特别重视知识产权利用与保护以及具有区域局限性等。在种子生产加工环节，具有生产过程复杂、质量控制难度大、风险因素多且难以控制等特征；在种子生产经营环节具有生产用种需求量稳定性而品种市场需求量不稳定性、种子生产的前置性和需求的间断连续性、种子需求价格弹性小而供给价格弹性大以及经营风险高等特征。

2.1.2　金融、金融服务及模式的界定

金融的含义。所谓金融就是指资金的融通。本研究所指的金融侧重于产业金融的范畴，金融对产业发展的主要功能是融通资金、整合资源、价值增值等功能（钱志新，2010）。

金融服务的含义。一般是指整个金融业发挥其资金融通、整合资源、价值增值等多种功能以促进社会发展，具体而言，金融服务包括融投资、结算、信贷、证券、保险等综合服务。

模式的含义。简单而言，模式就是指解决某一类问题的方法论，具有一般性、简单性、重复性、稳定性、可操作性的特点。

2.1.3　种业发展金融服务的内涵特征

种业金融服务的内涵。众所周知，种业属于典型的高科技产业。在此，可以借鉴我国学者赵昌文对于科技金融的经典定义，将种业发展金融服务理解为：通过金融服务的创新性安排，围绕种业发展专属的金融产品、金融组织、金融机制，实现通过种业金融服务推动现代种业的发展。种业发展的金融服务也是在经济全球化、生物高新技术迅速发展的大背景下，提高种业生产效率和产业竞争力的一种有效发展模式。本研究主要是指在种业发展的政策性金融、商业银行、多层次资本市场等一般服务方式的基础上，重点研究根据种业产业链环节的种子企业风险承担等不同特征下的金融服务模式，具体包括基于种业知识产权资本化视角的种业上游金融服务模式、基于保险视角种业中下游金融服务模式以及基于平台组织视角的种业全链条金融服务模式，重点讨论相关的实务与理论问题，为促进种业发展金融服务提供可操作性的解决方案。

种业金融服务的特征。自2000年《种子法》实施以来，我国种业发展开始了产业化、规模化、市场化、现代化、国际化的发展进程，目前正处于传统种业向现代种业转型跨越的关键时期，推动种业金融服务在于通过金融服务来促进种业发展，推动种业科技创新，具有以下效应特征。

第一，顺应产业发展规律，优化种业市场结构。现代种业是典型的高

科技产业。通过种业金融服务,种业产业市场结构将发生激烈而复杂的变化。种业金融服务能够形成竞合共生关系,促使种子市场从垄断竞争向完全竞争转变,大幅度提高种业产业经济效率与规模经济。

第二,助力现代种业体制改革,推动种企合作竞争。推进种业发展金融服务的过程,也是金融与种业融合的过程,企业竞争合作关系将发生变革,种子企业间的兼并重组整合将迅速发展,逐步建立新型种业金融服务的生态体系。这一点已在我国种子骨干信用企业 50 强之间的"强强重组"中得到印证。

第三,推动金融市场改革创新,完善种业金融服务。种业发展金融服务过程中产生的新金融手段、新金融产品、新金融服务在客观上适应了种子企业的需求层次和要求,取代了某些传统的手段、产品或服务;同时催生出更多的新型金融工具和金融服务,改变着传统种业的生产、投入与服务方式,促使种业金融服务产品与服务结构的升级。

2.1.4 理论基础

(1)产业金融理论

一般而言,产业金融是以产业和金融结合为研究对象,重点研究围绕产业发展、产业结构调整,创新融资手段、服务模式的理论体系。在实践上,产业金融中的能源金融、科技金融得到了长足的发展,在一定程度上实现了融通资金、整合资源、价值增值,从而助推产业实现发展的目标。

(2)产业金融工程理论

根据叶永刚(2012)等研究,产业金融工程是在产业金融的基础上,充分考虑产业运行的特征,综合运用金融工程、风险管理、产业经济等方法,通过设计金融产品、产业组织形式,创新金融组织体系、产业组织机制,实现控制产业风险、提升产业运行效率、优化产业升级路径、推动产业快速健康发展的理论体系。

(3)科技金融理论

科技金融由我国学者在 20 世纪 90 年代初提出,具有鲜明的中国特色。根据赵昌文(2009);房汉廷(2010)的研究,科技金融通过金融制度的创新、金融产品的创新、金融服务模式的创新，服务于各类高科技产业，促进科研金融融合发展，对于供给侧结构性改革有着突出的重要性。

2.2　我国种业发展的现状与趋势特征

2.2.1　我国种业发展的现状分析

（1）种子市值增长较快，已突破 1 000 亿元

自 2000 年《种子法》实施，我国种业开始进入市场化的进程，随着种业改革发展和政策支持力度的加大，我国种子市值逐年稳步增长，2012 年种子市值突破 1 000 亿元（种子市值包括农作物种子和花生、瓜蔬种子以及花卉作物种子市值以及其他杂粮、水果类等种子市值）。2016 年我国种子市值达 1 229.6 亿元，玉米、水稻、小麦、大豆、棉花等 5 种主要农作物市值达 685.4 亿元，占比 56%；非主要农作物市值达 544.2 亿元，占比 44%。种子市值较 2012 年增长 18.5%，其中 5 种主要农作物增长 13.8%，非主要农作物增长 24.9%。近年来种子市值情况见图 2 - 3。

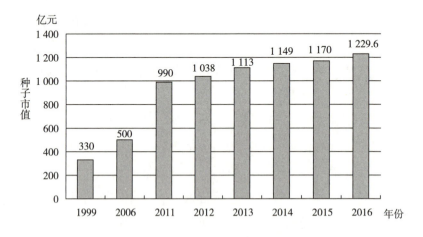

图 2 - 3　近年来我国种子市值状况

（2）种业各类科技创新成果稳步增长，供种能力日益增强

近年来，我国种业科技创新发展较快，种业创新成果稳步增长，农作

物种质资源保存总量稳居世界第二位，年授权种业专利和审定农作物品种数量逐年增加，植物品种权授权量年增长幅度大。我国不断加大种业改革与创新发展，稳步实施种质资源保护和品种管理制度与政策，种业科技创新成果较大，仅2016年初步完成新收集种质资源8 000份，截至2016年12月，我国种质资源保存总量达469 596份，居世界第二位；年国审定、省审定农作物品种逐步增长，主要以水稻、玉米、棉花等大田作物居多；植物品种权授权量增长较快，2016年授权量达1 413件，较2015年同比增长71%。国家海南、甘肃、四川等制种基地建设深入推进，国产突破性优良品种不断出新，其主导地位进一步巩固增强。2016年，种子企业通过国审品种达95个，占当年国审品种的57.6%，种子企业申请保护品种1 310个，占当年申请总数的51.9%，由此可见，种子企业的创新主体地位在增强。近几年我国种业创新成果的具体情况见表2-1。

表2-1　　　　　　　2014—2016年我国种业科技创新成果情况

类别 年份	种质资源存量 （份）	授权种业专利 （件）	国审农作物品种 （件）	省审农作物品种 （件）	植物品种权授权 （件）
2014	443 000	4 672	133	1 372	138
2015	454 485	4 624	140	1 471	827
2016	469 596	3 743	142	1 477	1 413

资料来源：2014年、2015年、2016年中国种业发展报告。

（3）种子企业数量逐年不断减少，"育、繁、推"一体化种子企业有所增加，种子企业规模逐步扩大，但仍以中小型种子企业居多

随着种业改革的不断深入发展，我国种业确立了市场主导、种子企业为主体的商业化育种体系，注册资本3 000万元以上的规模种子企业不断增强，其销售收入占全部种子企业总收入的比例由2013年的74%上升到2016年的80%。种子企业兼并重组不断加快，种子企业数量不断减少，种业"散、小、多"的状况得到了改善。截至2016年底，我国种子企业数量4 316家，比2010年的8 700家减少4 384家，减少幅度约50%（见图2-4）。

截至2017年6月，全国持有效育、繁、推一体化许可证种子企业90家，较2015年新增育、繁、推一体化种子企业15家。其中蔬菜、花生、

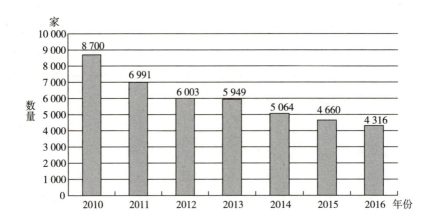

图 2 - 4　2010—2016 年我国种子企业数量变化情况

油菜等非农作物种子企业 11 家。具体区域分布情况如图 2 - 5 所示，在区域上分布在全国 23 个省市自治区。其中，北京最多 8 家，占全部育、繁、推一体化种子企业的 10%；其次是山东 7 家，占全部育、繁、推一体化种子企业的 9%；河南、四川各 6 家，各占全部育、繁、推一体化种子企业的 8%，分布区域不均衡态势显著。

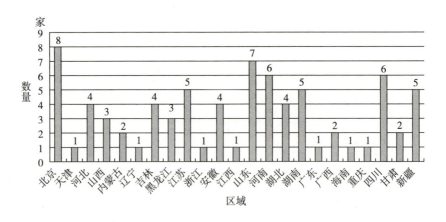

图 2 - 5　全国"育、繁、推"一体化种子企业区域分布情况

近年来，随着种业市场化改革发展以及兼并重组的加速，种子企业"多、小、散"状况有所改善，但仍以中小型种子企业居多。截至 2016 年底，资产规模 10 亿元以上的种子企业 15 家，占比为 0.36%，而资产规模

1 亿元以下的种子企业达 4 301 家，占比 93.97%（见表 2 - 2）。

表 2 - 2　　　　　　　　我国种子企业规模情况

资产规模	种子企业数量（家）	占比（%）
≥10 亿元	15	0.35
5 亿 ~ 10 亿元（含 5 亿元）	20	0.43
2 亿 ~ 5 亿元（含 2 亿元）	80	1.72
1 亿 ~ 2 亿元（含 1 亿元）	164	3.52
1 亿元以下	4 037	93.53

资料来源：2014 年、2015 年、2016 年中国种业发展报告。

（4）种子企业销售收入不断提升，行业利润率整体趋于稳定，市场整体集中度比较低

近几年，我国种子企业年销售额呈现逐年增长趋势。2015 年种子企业销售收入较 2010 年增长了 85%。2015 年销售收入 792.88 亿元，与 2014 年相比略有减少，与整个种子市场存在库存积压情况相关，具体情况见图 2 - 6。

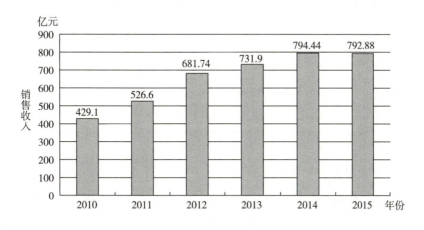

图 2 - 6　2010—2015 年我国种子企业销售收入情况

近几年来，种业行业利率润率保持在 9% 以上水平（见图 2 - 7）。我国是世界第一农业大国、第二种子大国，随着国家对种业改革力度的加大、投入和税收等优惠政策的不断出台以及现代种业发展模式的不断创新，种业利润水平仍有进一步提升的空间。

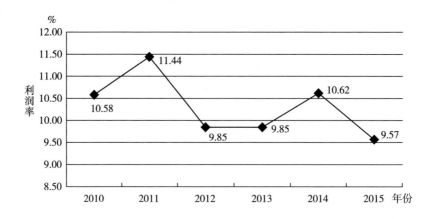

图 2 - 7　2010—2015 年我国种业利润率变化情况

近三年来，前 10 强种子企业销售收入市场集中度为 15% 左右，前 50 强种子企业销售收入市场集中度为 30% 左右，市场集中度不高，具体情况见表 2 - 3。

表 2 - 3　　　　　2013—2015 年种子企业销售收入与市场集中度情况

年份	总销售收入（亿元）	前 10 销售收入（亿元）	市场集中度（%）	前 50 销售收入（亿元）	市场集中度（%）
2013	731.9	119.48	16.32	240.28	32.83
2014	794.44	115.42	14.53	233.83	29.43
2015	792.88	103.71	13.08	237.42	29.94

资料来源：2014 年、2015 年、2016 年中国种业发展报告。

（5）种业研发投入不断加大，但距国际发达种业企业还有较大差距

近年来，我国种子企业不断加大研发投入，2014 年种子企业研发投入 36.69 亿元，占种子销售收入的 4.87%；2015 年种子企业科研总投入为 39.79 亿元，占种子销售收入的 5.02%。具体不同规模的种子企业研发投入情况见表 2 -4。目前世界上发达种业的研发投入约为 8% ~ 12%，我国种业研发投入距离世界发达种业水平还有较大的差距。

表2-4	2013—2015 年我国种子企业研发投入情况表				单位：亿元,%	
年份	注册资本≥3 000 万元 科研投入情况		销售额前5 名 科研投入情况		销售额前50 名 科研投入情况	
	科研投入 （亿元）	占销售额 （%）	科研投入 （亿元）	占销售额 （%）	科研投入 （亿元）	占销售额 （%）
2013	22.38	4.12	4.57	5.53	10.92	4.54
2014	31.97	5.29	3.7	4.38	12.1	4.81
2015	39.78	5.05	5.11	7.03	13.27	5.59

资料来源：2014 年、2015 年、2016 年中国种业发展报告。

（6）主要种子品种的种子企业数量分布具有明显的差异性

目前，主要种子品种的种子企业数量大体为：蔬菜种子企业数量 >小麦种子企业数量 > 大豆种子企业数量 > 玉米种子企业数量 > 水稻种子企业数量 > 棉花种子企业数量 > 马铃薯种子企业数量（见图 2 - 8）。由于介入门槛低、成本低、利润高等原因，蔬菜种子企业最多；小麦种子企业较多，虽然小麦种子企业门槛高，但其科技含量低且统一供种，又具有补贴优势，但多数是经营性的，而具有研发实力的不多；由于玉米价格以及玉米种子库存压力，玉米种子企业数量减少；水稻种子企业越来越集中，发展趋向集中于大型种子企业；由于政策和环境等因素，马铃薯种子企业数量增加。

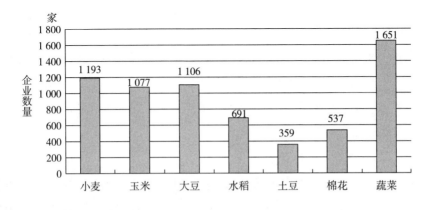

图 2 - 8　主要种子品种企业数量情况

2.2.2　我国种业发展的趋势分析

（1）种业市场竞争日益国际化

随着发达国家生物育种技术水平的快速提升、全球化种子贸易的快速发展、种业巨头间的快速兼并重组，国际种业市场正在发生巨变，跨国种业集团国际市场垄断地位日益增强。2013年全球农作物种子市场价值超过460亿美元，比21世纪初304亿美元增长50%以上。国际种业前10强企业销售收入达300亿美元，占全球市场份额从21世纪初的24%快速增长到65%。种业第一大国美国以占有全球60%以上的种业专利数量，全面制衡着世界种业的贸易和发展。2016年，我国农作物种子进口额为20亿元。此外，截至2016年底，据不完全统计，进入我国的外资种业公司已有76家，在企业类型上，分别是26家独资种子公司、42家合资种子公司、8家中外合作经营种子公司，外资种子企业进入并进行战略布局，造成种业国际竞争日益激烈，我国种业也面临巨大的竞争压力。

（2）育种技术结构逐步多元化

截至2016年底，农业植物新品种权的申请总量累计达17 108件，授权总量达7 824件，年申请量居UPOV第二位。在育种技术上，以消费和生产需求为育种目标，集成应用"生物技术＋信息技术＋传统育种技术"，培育稳产、多抗、绿色轻简、大田大面积应用和农民好种、好收、好卖等性状的品种成为未来趋势。建立以企业为主体、市场为导向、产品为龙头，常规技术与高新技术紧密结合，高通量、工厂化、流水线式的商业化育种体系，沿产业链、创新链共建种质资源库、基因库、亲本库、试验室和筛选测试网络平台，探索整合种业技术、资源和市场的新机制和新模式，已成为我国种业技术创新的重要方向。

（3）种业创新主体逐步企业化

2013—2016年，我国注册资本1亿元种子企业增加了28%，达到了146家。截至2016年底，我国种子企业数量为4 316家，其中持部级颁证企业229家，持省级颁证企业1 770家，规模（注册资本≥3 000万元）企业科研投入达39.78亿元，占其销售收入的5.02%。国务院8号文、109

号文均指出，鼓励科企紧密型产学研结合，逐步确立并强化种子企业的商业化育种创新主体地位。种子企业在国内新品种申请量中的占比显著提升（见图2-9）。

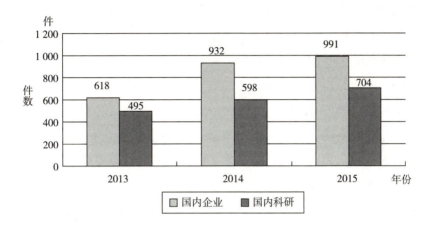

图2-9 近三年国内种业新品种申请情况

（4）种业发展效应日益市场化

我国种业市场化程度逐步提高，种业整体水平快速提升，成为全球第一大用种国和第二大种业市场。2015年，我国种业企业共实现种子销售792.88亿元，其中排名前10企业销售收入103.71亿元，占市场份额的14.72%。逐步催生出一批具有一定国际竞争力的民族企业，民族种业对国家粮食安全和食品安全的贡献、地位不断提升（见图2-10）。

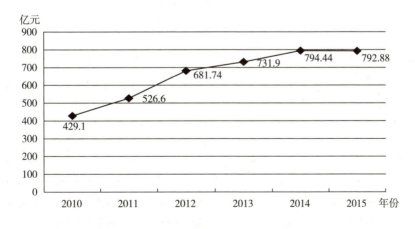

图2-10 我国种子企业销售收入情况

（5）种业兼并重组发展快速化

随着种业改革持续深入推进，种业并购重组（包括横向并购和纵向并购）整合速度加快，如中信集团出资27.9亿元入主隆平高科，隆平高科收购天津德瑞特、天津绿丰以及广西恒茂、黑龙江广源种业等种子企业；荃银高科收购安徽华安、皖农种业、辽宁铁研等种子企业，中农发投资12.6亿元并购陕西潞玉、湖北种子集团、锦绣农华等8家种子企业；随着世界种业并购全球化的步伐不断加快，出现了孟山都和拜耳、杜邦与陶氏等世界范围的种业并购，我国种子企业以及农化企业也加入其中，如隆平高科、荃银高科等在东南亚、非洲、南美等地设立种子企业，中国化工430亿美元并购先正达等，快速化的并购促进了现代种业的快速发展。

（6）种业发展环境逐步良性化

2011年以来，国家颁布出台了一系列支持种业发展的政策和文件（见表2-5）。政府不断优化政府职能、加大市场监管力度，努力营造公平公正的种业发展的市场环境、法制环境和组织环境，实现企业育、繁、推一体化，加快种业企业兼并重组，种业支持政策陆续出台和体制改革的加快推进，为种业发展和提高种业企业竞争能力营造了良好的政策环境。

表2-5　　　　　　　　　近年来我国种业发展的主要政策

时间	政策文件名称	主要内容
2000.12	《中华人民共和国种子法》	实行种子市场准入制度，种子企业性质多元化，表明中国种业进入市场化阶段
2010.01	中央"一号文件"	培育有核心竞争力的大型种子企业
2010.10	《国务院关于加快培育和发展战略性新兴产业的决定》	生物产业位列七大战略新兴产业，其中包含了生物育种行业
2011.04	《国务院关于加快推进现代农作物种业发展的意见》（国发〔2011〕8号）	推动种子企业兼并重组，大幅提高市场准入门槛，培育具有核心竞争力的"育、繁、推一体"化种子企业
2013.12	《国务院办公厅关于深化种业体制改革提高创新能力的意见》国办发〔2013〕109号	深化种业体制改革，充分发挥市场在种业资源配置中的决定性作用，强化企业技术创新主体地位以及加强种子市场监管等促进现代种业发展

续表

时间	政策文件名称	主要内容
2016.01	《中华人民共和国种子法》（2015 修订）	种质资源保护、品种选育、审定与登记、新品种保护、种子生产经营、种子进出口和对外合作、扶持措施等
2016.03	《中华人民共和国国民经济和社会发展第十三个五年规划纲要》（2016—2020 年）	发展现代种业，培育壮大育、繁、推一体化的种业龙头企业

资料来源：根据网站公布内容整理。

总体来看，我国种业进入市场化的时间还比较短，尚处于发展初级或转型升级阶段，与发达国家种业相比，在研发创新能力、种业体系建设、种业支撑保障等方面还存在较大的差距，缺少在世界范围内具有重要影响力的育、繁、推一体化大型种子企业，与发展现代农业的迫切要求还存在一定差距，国家将种业作为保障粮食安全、食品安全和生态安全的战略重点，以及全球农业贸易和国际竞争的巨大挑战，对我国种业自主创新和产业发展提出了迫切要求。

2.3 我国种业发展金融服务的现状分析

2.3.1 样本种子企业的基本情况

为了解我国种业金融需求现状，作者在 2014 年 1 月—2016 年 6 月，通过参加现代种业发展基金战略规划课题、全国种子双交会、种业发展论坛等为契机，对我国 78 家典型种子企业金融需求状况进行问卷调查，样本种子企业基本情况分析如下。

在企业类型方面。样本企业的类型包括国有企业、民营企业、国有控股企业以及科研单位创办企业等。其中民营企业数量最多，为 55 家，占比为 71%，国有种子企业 10 家，占比 13%。此外，在样本种子企业中育、繁、推一体化企业为61家，占样本种子企业的比79%，占全国育、繁、推一体化种子企业（共77家）的79%。所调查的样本种子企业类型具有多样性，基本涵盖了所有种子企业类型，具体见图2-11。

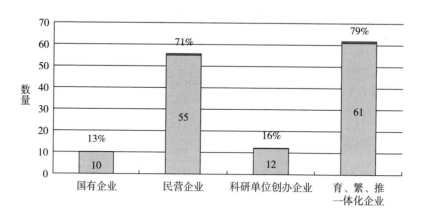

图2-11　样本种子企业类型情况

在年销售收入方面。样本种子企业年收入情况（2015年数据）见表2-6，年销售收入1亿元（含）以下的种子企业为29家，占比36%；1亿~5亿元（含）的40家，占比52%；年销售收入达到5亿元以上的种子企业仅有9家。而在总量上，样本种子企业年销售收入占全部种子企业销售收入的80%以上。

表2-6　　　　　　　样本种子企业2015年销售收入情况表

销售收入	企业数（家）	占样本企业比例（%）
1亿元（含1亿元）以下	29	36
1亿~5亿元（含5亿元）	40	52
5亿~10亿元（含10亿元）	6	8
10亿元以上	3	4

资料来源：2014年、2015年、2016年中国种业发展报告。

在企业信用方面。样本种子企业中年度信用骨干企业为40家，占样本企业总数的52%，占年度全部信用骨干企业总数（56家）的71%；信用明星企业为8家，占样本企业总数的10%，占年度全部信用明星企业总数（10家）的80%。样本种子企业基本反映了我国种子企业发展的水平。

2.3.2 样本种子企业金融供需现状分析

种子企业普遍存在资金缺口且年资金需求量较大,其中90%以上的种子企业都有融资等金融服务需求,年融资需求规模在5 000万元以上的占比达60%以上。在所调查的78家种子企业中,有75家种子企业未来发展需要引入新的发展资金,占所调查种子企业的96%。在资金需求规模上,年资金需求量在5 000万~1亿元的比重最大,占比39%;其次是年资金需求量在1亿~5亿元,占比28%。由此可见,绝大部分种子企业都需要引入资金支持,并且大部分企业的资金需求量大,也说明种业是资金密集型产业,种子企业发展需要融资支持(见表2-7)。

表2-7 样本种子企业融资需求规模情况

项目		企业数(家)	占样本企业/融资需求企业比(%)
有融资需求企业		71	92
年融资需求规模	5亿元(含)以上	7	10
	1亿(含)~5亿元	20	28
	5 000万(含)~1亿元	28	39
	5 000万元以下	16	23

在现行金融制度条件下,利用商业银行融资仍是种子企业融资的主要方式,但获得银行贷款的前提条件是需要提供有效的抵押担保。具体样本种子企业优先选择的融资路径依次为银行贷款、国家项目资金、政策贴息、合作企业投资与基金或风险投资等。其中,种子企业优先选择银行贷款融资路径占比最大,为58%;其次是项目资金,占比达28%(见图2-12)。在种子企业优先选择的银行融资路径,80%为民营企业,20%为国有企业;次优选择的项目融资路径,55%为民营企业,45%为国有企业。

种子企业获得银行贷款的担保方式以抵押担保为主,然后依次为担保公司担保、信用及股东担保、品种权质押担保等方式(见表2-8)。尽管种子品种权作为种子企业的无形资产在企业的资产构成中占有较大的比重,但对于种子品种权质押担保方式的应用还不多。

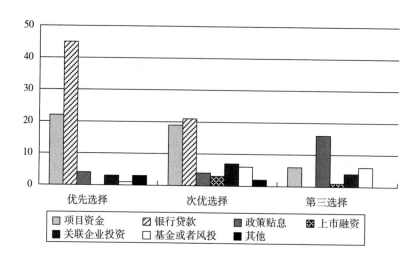

图 2 – 12　样本种子企业优序融资模式选择

表 2 – 8　　　　　　　　　　样本种子企业融资担保方式选择

担保方式	种子企业数（家）	占样本有融资需求种子企业比（%）
固定资产抵押担保	55	77
土地使用权抵押	37	52
房产抵押	45	63
担保公司担保	13	18
品种权质押	8	11
信用及股东担保	10	14

　　种业发展对资本市场的需求增加，虽然目前种子企业在资本市场上市（等级挂牌）的数量不多，但种子企业对不同板块上市（挂牌登记）需求较大。在 78 家种子企业中，有 8 家上市，占比 10%；仅 10 家没有上市需求，占比 20%；有 60 家有上市需求，占比 70%。在有上市需求的 60 家种子企业中：创业板上市需求企业 31 家，占上市需求企业的 52%；中小板上市需求种子企业 14 家，占上市需求种子企业的 23%；新三板挂牌需求种子企业 8 家，占上市需求种子企业的 13%；对主板及其他方式有需求的种子企业 7 家，占上市需求企业的 8%（见图 2 – 13）。

　　种业发展金融服务面临抵押担保与知识产权价值评估难的金融困境。种子企业在融资过程中遇到的最主要难点问题是抵押担保限制，其次是金

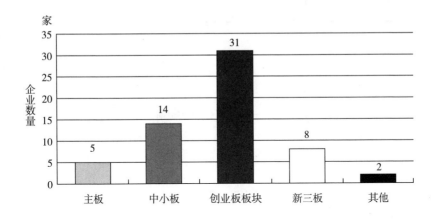

图 2 - 13　样本种子企业上市需求情况

融政策约束，然后依次是投融资人才紧缺约束、经营规模限制、品种权价值评估难、信用评价较低等因素（见表 2 - 9）。

表 2 - 9　　　　　　　种业金融面临的难点问题

难点问题	种子企业数（家）	占融资需求企业比（％）
金融政策约束	29	41
经营规模限制	18	25
信用评价较低	5	7
抵押担保限制	33	46
投融资人才紧缺	24	34
品种权价值评估难	14	20

2.3.3　基于种子产业链环节的金融供需分析

种业是典型的高科技、高附加值、高资本投入的行业，同时周期长、风险高。因此，种子企业无论通过自身发展，还是并购整合以提高自身竞争力，在新品种研发选育、繁育生产加工、品种推广服务方面各阶段均需要大量资金投入，都需要通过金融服务来促进发展。基于种业产业链环节金融需求情况见表 2 - 10。

表 2 – 10　　　　　　　　基于种业产业链环节的金融需求情况

环节	金融需求特征
产业链上游	需要大量的长期资金投入，以完善传统育种技术能力，提升生物技术水平，升级品种测试体系；现代育种装备、研发人才与团队建设、育种基地与平台等均需要大量的资金投入
产业链中游	需要大量中期资金进行装备升级，实现制种加工以及流通环节的机械化、标准化、精细化
产业链下游	需要投入大量的长期资金，健全人力资源体系，建立面向客户服务营销的大数据分析系统

　　通过调研我们发现，种子企业资金需求环节多，主要集中在种子产业链上游品种选育、种质材料创新环节以及中下游生产加工与种业基地建设等环节，并且育、繁、推一体化金融需求呈现多样化和差异化，融资需求基本涵盖了种子产业链所有环节。在种子企业资金需求环节上（见表 2 – 11），种子企业最需要资金支持的环节是优良品种选育环节、种质资源开发环节，然后依次是种子生产加工、育繁种基地建设、市场营销与技术服务等环节，而在品种权交易和种子贸易环节需求不大。由此可见，种子企业融资需求的环节多，基本涵盖了种子产业链上所有环节。

表 2 – 11　　　　　　　　　样本种子企业融资需求环节

资金需求环节	企业数（家）	占样本融资需求企业比（%）
种质资源开发与育种材料创制	53	75
优良品种选育	65	92
种子生产加工	37	52
育繁种基地建设	35	49
品种权交易和种子贸易	10	14
市场营销与技术服务	35	49

调研分析表明：

（1）种子企业以资金为主的金融服务需求具有层次性，不仅融资需求规模大、需求环节多，而且呈现出从单一金融产品服务需求向多元化金融产品需求发展的特征；

（2）从种子产业链金融需求环节上来看，产业链上游品种选育和种质材料创新环节金融需求最大；其次是下游生产加工与种业基地建设等环节，种业发展金融需求呈现出向种子产业链融资延伸的趋势特点。

（3）种业发展金融服务的障碍因素主要是抵押担保的限制，普遍面临抵押担保难题，此外还包括种业知识产权作为抵押担保的价值评估难的现实困境。

2.4　种业发展金融服务的关键影响因素

种业发展需要金融服务的支持，金融的发展同样需要种业乃至种子全产业链的有效支撑，二者融合发展、共创价值是现代种业发展金融服务的必由之路。种业发展金融服务的相关主体之间存在密切联系和相互作用关系，可以将种业发展金融服务看作一个复合系统，即由不同属性的种业子系统与金融子系统复合而成。由于受种业发展金融服务的相关历史数据可得性和有效性影响，本研究采用决策试验与实验评估方法（DEMATEL方法）研究影响种业发展金融服务的系统性关键因素，并对这些关键因素进行分析，以期为本研究的重点内容和系统分析框架提供可靠的依据支撑。

2.4.1　种业发展金融服务的系统影响因素

种业发展金融服务既受种业发展水平和金融业发展水平的影响，也受国家宏观政策支持状况、政府具体的配套措施跟进水平以及种业知识产权保护与信用体系等各项支撑保障体系的影响，通过对种业与金融领域相关专家的调研、访谈，我们来确定种业发展金融服务的关键因素：

国家宏观政策方面的主要包括：α_1（种业与金融相关政策法规）、α_2（种业科技创新、评价、交易制度）、α_3（种业平台的发展与利用程度）。

金融发展水平主要包括：α_4（政策性金融发展程度）、α_5（商业银行发展程度）、α_6（多层次资本市场发展程度）。

种业发展水平主要包括：α_7（研发创新能力）、α_8（风险及信用等级水平）、α_9（企业规模及行业集中度）。

政府配套措施主要包括：α_{10}（财政资金的杠杆作用）、α_{11}（项目资金及税收优惠政策）、α_{12}（种业金融的配套政策措施）。

支持保障体系建设主要包括 α_{13}（信用担保体系）、α_{14}（种业知识产权利用与保护程度）、α_{15}（市场有效性程度）。包括 5 个一级指标和 15 个二级指标，具体指标影响因素见图 2-14。

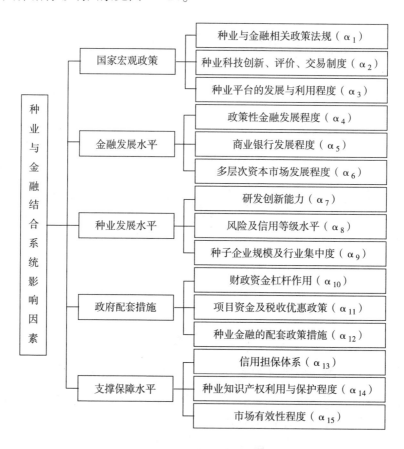

图 2-14　种业发展金融服务的系统影响因素

2.4.2　运用 DEMATEL 方法分析

（1）DEMATEL 方法

DEMATEL 方法是战略管理领域运用图论与矩阵工具进行系统因素分析与识别的一种有效方法。具体 DEMATEL 法分析主要包括以下几个方面：

第一步，确定评价尺度。主要是通过相关领域内的专家经验对指标之间相互关系比较建立评价准则，并以评估尺度为衡量标准，依序代表影响大小的关系；

第二步，利用确认的影响大小关系进一步运算得出直接影响矩阵，在这里 α^{ij} 表示 i 指标对 j 指标的影响程度；

第三步，将直接影响矩阵 A 利用公式 $m'_{ij} = \dfrac{1}{S} * m_{ij}$ 和 $S = \max\limits_{1 \leqslant x \leqslant n} \sum\limits_{i=1}^{n} m_{ij}$ 以及 $E - A$ 进行标准化，再利用公式 $(E - A)^{-1}$、$A * (E - 1)^{-1}$ 通过 Matlab 运算求取总的影响关系矩阵；

第四步，通过运算分别得到综合影响矩阵 T、每列与每行的总和 T_r 与 T_d，再进行 $T_r + T_d$ 和 $T_r - T_d$ 计算，$T_r + T_d$ 与 $T_r - T_d$ 分别表示中心度和原因度。

（2）运用 DEMATEL 方法测度种业发展金融服务的关键因素

首先，建立 15 个因素之间的直接影响矩阵 A。选择利用种业、农业金融领域专家根据所确定的指标进行打分，在这里要将各位种业及金融领域的相关专家打分测评取得的要素直接影响评价矩阵的语言信息转化为分值，可以得到所获得评价分值的评价信息 $Ak = (Ak_{ij})n \times n$，$Ak_{ij} = 0,1,2,3$；其中（0，1，2，3）分别代表对种业发展金融服务没有影响、有比较小的影响、有一定的影响、有明显的影响，得到上述 15 个因素之间的形成的直接影响矩阵 A（肖龙阶，明隆等，2014），见表 2 - 12。

表 2 - 12　　　　　种业发展金融服务的直接影响矩阵 A

因素	α_1	α_2	α_3	α_4	α_5	α_6	α_7	α_8	α_9	α_{10}	α_{11}	α_{12}	α_{13}	α_{14}	α_{15}
α_1	0	0	1	1	2	1	2	0	1	1	0	1	0	2	2
α_2	0	0	0	1	1	2	2	1	1	1	1	1	1	1	1
α_3	2	1	0	2	3	2	3	3	2	1	2	2	2	3	2
α_4	1	0	0	0	1	1	1	0	1	1	2	1	1	0	1
α_5	1	1	1	3	0	2	2	1	2	0	1	1	2	2	2
α_6	0	1	1	1	2	0	3	1	2	0	1	1	3	2	
α_7	0	1	1	2	2	3	0	1	3	1	2	1	1	1	3
α_8	0	1	10	1	3	3	1	0	1	0	2	1	1	1	2
α_9	0	1	0	3	3	2	1	0	0	2	1	1	1	1	1

续表

因素	α_1	α_2	α_3	α_4	α_5	α_6	α_7	α_8	α_9	α_{10}	α_{11}	α_{12}	α_{13}	α_{14}	α_{15}
α_{10}	0	1	1	2	2	1	1	0	1	0	1	1	1	1	0
α_{11}	1	1	0	2	1	2	1	0	1	1	0	1	1	1	1
α_{12}	0	1	1	1	1	2	1	0	1	1	1	0	1	1	1
α_{13}	0	1	1	1	3	2	2	3	1	1	1	1	0	1	2
α_{14}	1	1	1	1	2	2	2	2	2	1	2	1	1	0	3
α_{15}	1	0	1	0	2	2	2	2	2	1	2	1	1	1	0

然后，计算出综合影响矩阵 T。根据以上直接影响矩阵计算出程度影响因子 $I = 1/30 = 0.0333$，再利用 Matlab 软件编程计算，经过 $E - A$ 和 $(E - A)^{-1}$ 以及 $A \times (E - 1)^{-1}$ 计算出综合影响矩阵，见表 2 – 13。

表 2 – 13　　　　　　　种业发展金融服务的综合影响矩阵 T

因素	α_1	α_2	α_3	α_4	α_5	α_6	α_7	α_8	α_9	α_{10}	α_{11}	α_{12}	α_{13}	α_{14}	α_{15}
α_1	0.02	0.03	0.08	0.09	0.14	0.11	0.13	0.04	0.10	0.07	0.06	0.08	0.05	0.12	0.13
α_2	0.02	0.03	0.05	0.09	0.11	0.14	0.13	0.07	0.10	0.06	0.09	0.07	0.08	0.09	0.10
α_3	0.11	0.10	0.12	0.19	0.26	0.23	0.24	0.18	0.20	0.10	0.18	0.15	0.16	0.21	0.21
α_4	0.05	0.02	0.03	0.05	0.09	0.09	0.08	0.03	0.08	0.06	0.10	0.06	0.06	0.04	0.08
α_5	0.06	0.08	0.10	0.18	0.11	0.18	0.16	0.09	0.16	0.05	0.12	0.09	0.13	0.14	0.16
α_6	0.03	0.08	0.10	0.12	0.17	0.11	0.19	0.09	0.16	0.05	0.11	0.09	0.10	0.17	0.16
α_7	0.03	0.08	0.10	0.16	0.18	0.21	0.10	0.09	0.19	0.08	0.15	0.10	0.09	0.12	0.19
α_8	0.06	0.10	0.42	0.17	0.27	0.26	0.19	0.11	0.17	0.07	0.19	0.13	0.14	0.17	0.21
α_9	0.02	0.07	0.04	0.17	0.18	0.14	0.11	0.04	0.07	0.10	0.09	0.08	0.09	0.09	0.10
α_{10}	0.02	0.06	0.07	0.12	0.13	0.10	0.09	0.04	0.09	0.03	0.08	0.07	0.07	0.08	0.06
α_{11}	0.05	0.06	0.04	0.14	0.13	0.13	0.11	0.04	0.11	0.06	0.05	0.08	0.08	0.09	0.09
α_{12}	0.02	0.06	0.07	0.09	0.10	0.13	0.10	0.04	0.09	0.06	0.08	0.04	0.07	0.08	0.09
α_{13}	0.03	0.08	0.12	0.12	0.21	0.18	0.17	0.12	0.13	0.08	0.12	0.10	0.07	0.12	0.16
α_{14}	0.07	0.08	0.12	0.13	0.19	0.18	0.17	0.13	0.16	0.08	0.15	0.10	0.10	0.09	0.20
α_{15}	0.06	0.05	0.11	0.09	0.17	0.17	0.15	0.12	0.14	0.08	0.14	0.09	0.09	0.11	0.09

最后，利用 DEMATEL 求解结果。通过综合影响矩阵 T 的每列与每行的总和分别得到 T_r 与 T_d，再通过 $T_r + T_d$ 和 $T_r - T_d$ 运算分别得到中心度和原因度，即得到 DEMATEL 求解结果，具体结果见表 2 – 14。

表 2 – 14　　　　　　　　　　　　DEMATEL 求解结果

因素	影响度 T_d	被影响度 T_r	中心度 $T_d + T_r$	原因度 $T_r - T_d$
α_1	1.2501	0.6620	1.9120	0.5881
α_2	1.2281	0.9922	2.2203	0.2358
α_3	2.6465	1.5574	4.2039	1.0891
α_4	0.9038	1.8833	2.7871	– 0.9795
α_5	1.8221	2.4039	4.2260	– 0.5817
α_6	1.7260	2.3595	4.0855	– 0.6335
α_7	1.8869	2.1084	3.9953	– 0.2215
α_8	2.6676	1.2714	3.9390	1.3962
α_9	1.3897	1.9236	3.3133	– 0.5339
α_{10}	1.1136	1.0401	2.1537	0.0735
α_{11}	1.1506	1.7178	2.8684	– 0.5672
α_{12}	1.1343	1.3197	2.4540	– 0.1855
α_{13}	1.8496	1.3759	3.2255	0.4737
α_{14}	1.9445	1.6894	3.6339	0.2551
α_{15}	1.6408	2.0497	3.6905	– 0.4089

2.4.3　结果分析及结论

（1）基于影响度（T_d）结果的分析。根据计算分析，我们得到种业发展金融服务的影响度和被影响度情况（见图 2 – 15）。本模型数据输出影响度 T_d 结果中，影响度 T_d 的大小依次为 α_8（风险及信用等级水平）、α_3（种业平台的发展与利用程度）、α_{14}（种业知识产权利用与保护程度）、α_7（研发创新能力）、α_{13}（信用担保体系）、α_5（商业银行发展程度）、α_6（多层次资本市场发展程度）、α_{15}（市场有效性程度）、α_{11}（项目资金、税收优惠政策）、α_9（种子企业规模及行业集中度程度）、α_{12}（种业金融的配套政策措施）、α_1（种业与金融相关政策法规）、α_2（种业科技创新、评价、交易制度）、α_{10}（财政资金的杠杆作用）、α_4（政策性金融发展程度）。由此可以看出，风险及信用等级水平是最重要的关键因素。而种业平台的发展与利用程度、种业知识产权利用与保护程度、种子研发创新能力、信用担保体系、商业银行发展程度、多层次资本市场发展程度、市场有效性程度等因素是主要的影响因素。

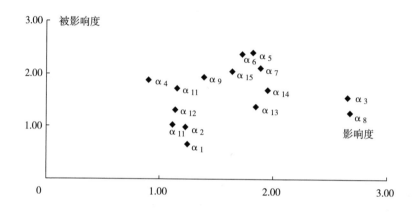

图 2 – 15   各因素的影响度（横轴）和被影响度（纵轴）

（2）基于原因度 $T_r – T_d$ 结果的分析。在本模型数据输出原因度 $T_r – T_d$ 结果中，如果原因度大于零，则表明是种业发展金融服务的原因因素；如果原因度小于零，则表明是种业发展金融服务的结果因素。根据计算分析，我们得到种业发展金融服务的中心度和原因度（见图 2 – 16）。经过计算结果大于零的因素，按由大到小的顺序进行排列依次为：α_8（风险及信用等级水平）、α_3（种业平台的发展与利用程度）、α_3（种业与金融相关政策法规）、α_{13}（信用担保体系）、α_2（种业科技创新、评价、交易制度）、α_{14}（种业知识产权利用与保护程度）、α_{10}（财政资金的杠杆作用），这些因素为主要的原因因素；而小于零的结果因素，按从小到大的顺序排列依次为：α_4（政策性金融发展程度）、α_6（多层次资本市场发展程度）、α_5（商业银行发展程度）、α_{11}（项目资金支持、税收优惠政策）、α_9（种子企业规模及行业集中度程度）、α_{15}（市场有效性程度）、α_7（研发创新能力）、α_{12}（种业金融的配套政策措施）等，这些因素为结果因素。

（3）基于中心度（$T_r + T_d$）结果的分析。各个因素对种业金融的影

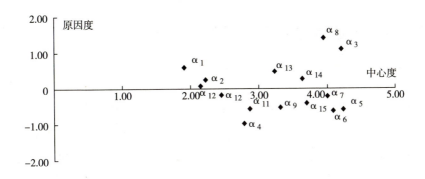

图 2 – 16　各因素的中心度（横轴）和原因度（纵轴）

响程度，依次为 α_3（种业平台的发展与利用程度）、α_5（商业银行发展程度）、α_6（多层次资本市场发展程度）、α_7（研发创新能力）、α_8（风险及信用等级水平）、α_{15}（市场有效性程度）、α_{15}（种业知识产权利用与保护程度）、α_9（种子企业规模及行业集中度程度）、α_{13}（信用担保体系）、α_{11}（项目资金、税收优惠政策）、α_4（政策性金融发展程度）、α_{12}（种业金融的配套政策措施）、α_2（种业科技创新、评价、交易制度）、α_{10}（财政资金的杠杆作用）、α_1（种业金融相关政策法规）。

（4）研究结论

第一，信用水平是种业发展金融服务的关键因素，也是最重要的原因因素。其他主要原因因素是风险及信用等级评价，种业平台的发展与利用程度，种业金融的配套政策措施，信用担保体系建设，种业科技创新、评价、交易制度，种业知识产权利用与保护程度，财政资金的杠杆作用等。

第二，种业平台的发展与利用程度、商业银行发展程度、多层次资本市场发展程度对种业发展金融服务的影响程度最大。其他因素包括种业研发创新能力、风险及信用等级、市场有效性程度、种业知识产权利用与保护程度、企业规模集中度、抵押担保以及政策支持等。

第三，种业发展金融服务的关键影响因素与种业产业特性密切相关，通过以上分析结果为确定本研究的重点内容以及系统分析框架提供了科学有效的依据及方向。

2.5   种业发展金融服务的系统分析框架

通过上述研究，我们了解到种业发展金融服务的供需现状特征以及关键的影响因素，种业发展金融服务模式优化是一项复杂的系统工程。在该系统中，我们的目标是通过种业发展的金融服务模式优化，促进种业发展水平，提高种业竞争力。前文已经明确种业产业链包括育、繁、推等环节，上游主要包括品种选育以及种质资源创新，下游主要包括种子生产和推广经营以及用种主体。研究重点针对种业产业链不同环节、不同主体特征和金融服务需求的种业发展金融服务模式优化是核心，主要包括上游知识产权资本化视角的质押融资模式和证券化模式，下游种业保险视角的险种创新模式和保险——信贷联动模式，种业全链视角的财务公司模式和平台众筹模式，在此基础上，提出了种业投融资服务平台模式构建，种业发展的金融服务是创新链、价值链、服务链的三维协同统一。种业发展的政策性金融服务、商业银行服务、多层次资本市场等一般服务方式是种业金融服务的基础，市场环境、信用环境、创新环境等环境保障是有效支撑。种业发展的金融服务是为了解决国家种业创新发展战略目标，在这里，国家种业创新战略实施是驱动，通过改革体制、机制的束缚，增强种业发展金融服务的政策措施，在建立市场主导、种子企业主体的商业化育种体系过程中，创新基于种业产业链视角的金融服务模式，提高种业创新发展水平，增强种业国际竞争力。基于产业链视角种业发展金融服务模式研究的系统分析框架见图 2 – 17。

种业发展金融服务供给。一般地，政策性金融服务、商业银行服务、多层次资本市场服务是种业发展金融服务的基本方式，针对种业产业链不同环节、不同类型主体特征与金融需求的模式优化是种业发展金融服务的核心，种业发展金融服务功能供给主要包括：其一，资金服务。这是种业金融服务最基本的功能，种业金融服务解决种业发展过程中所需资金问题。其二，风险管理。通过金融功能以及风险管理等功能，实现种业发展过程

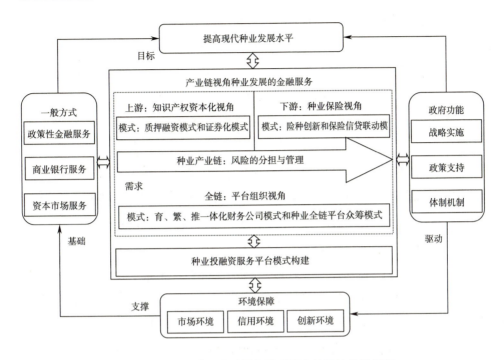

图 2－17　种业发展金融服务模式研究的系统分析框架

中的风险分担、分散、转移、对冲等，从而形成风险共担的机制。其三，
政策支持、优化结构等增值服务。种业发展金融服务通过引入战略性、策
略性投资者，可以实现利用外部现代化的主体为其提供现代化的管理服务，
能够改善企业的治理结构、业务结构、决策结构等，进而优化其融资结构，
实现良性互促发展。此外，在种业发展的不同阶段、产业链不同环节，不
仅存在衍生放大的融资等金融服务需求，需要通过有效的金融服务实现种
业发展，提高竞争力，而且对于金融而言，通过种业金融服务还可以获得
种业投资收益以及基于种业产业链的客户资源。

种业发展金融服务需求。种业发展金融服务的出发点是根据种业产业
链不同环节、不同类型主体特征以及金融服务需求，通过有针对性的种业
金融服务模式优化，来解决现代种业的发展问题。种业发展的金融服务需
求主要包括融资服务、风险管理、政策支持、保险服务、交易服务、担保
服务以及其他增值服务等，其中以资金为主的融资服务需求最大，根据对
种子企业的调研问卷，我们发现我国种子企业在发展过程中存在着较大的

融资等金融服务需求，融资需求集中在种业产业链的不同环节、不同类型主体，种业金融需求规模大、环节多，以融资为主的金融服务需求具有层次、多元化的特点，并且呈现出与种业产业链条相关的特征，具体体现在从单一金融产品服务需求向多元化金融产品需求发展、从单一渠道融资向多元化渠道融资扩展、从单一环节融资向种子产业链融资不断延伸等的特点。

政府的功能作用。在我国现有的体制、机制下，种业发展金融服务的过程中政府作用非常重要，种业发展金融服务是国家实施种业创新发展战略、深化种业市场化改革的需要，也是国家种业投融资改革的发展需要。一方面，政府鼓励金融支持现代种业发展，为金融机构提供政策、资金、税收等优惠支持；另一方面，政府重视、支持种业发展，为种业发展提供政策、资金、人才、创新等有效支撑。政府通过种业金融服务来驱动种业发展，是实施国家种业创新发展战略的需要，不仅可以解决种业发展过程中的风险管理问题，同时可以提高种业发展的效率，促进公平，提高种业竞争力。

平台组织优化。育、繁、推一体化大型种子企业财务公司模式和"互联网＋"背景下的种业平台众筹模式是平台金融的有效方式。在此基础上，根据共生理论，提出在政府的支持下构建种业投融资服务平台模式，建立优化种业金融服务平台组织以促进种业金融服务组织创新，以实现扩大种业金融服务的规模与范围，利用平台的投融资服务、信用服务、信息服务、交易评估等金融服务功能，有效提升种业金融服务水平，促进现代种业发展、种业竞争力的提升，为促进种业金融服务提供可操作性的集成解决方案。

环境支撑保障。种业发展金融服务需要有效的环境保障，随着市场主导、种子企业主体的商业化育种体系的逐步建立，种业发展的市场环境、市场有效性不断完善、优化，为种业的创新发展、优序竞争创造条件，有利于种业金融服务的推进；信用环境是种业金融服务的核心内容之一，包括种业信用体系建设、信用等级评价、信用担保等方面；种业是典型的高科技产业，研发科技创新是关键，种业创新的人才、知识产权保护、激励分配、对外开放程度等，对种业创新具有重要影响，也对种业金融服务具有重要影响，为此，完善市场环境、信用环境、创新环境，对于种业发展金融服务至关重要。

2.6　本章小结

本章的主要研究结论包括：

（1）调研分析表明，种业发展的阶段性特点、趋势特征以及所面临的市场环境、信用环境、创新环境等环境条件，越来越有利于种业金融服务发展。种业金融需求呈现出从单一金融产品服务需求向多元化金融产品需求发展、从单一渠道融资向多元化渠道融资扩展、从单一环节融资向种子产业链融资延伸等特点。具体从种子产业链金融需求环节上来看，产业链上游品种选育和种质材料创新环节金融需求最大，其次是中下游生产加工与种业基地建设等环节，种业金融需求规模大、环节多，以融资为主的金融需求具有层次性、多元化的特点，并且呈现出与种业链条相关的特征，但普遍面临抵押担保等金融困难，为产业链视角种业发展金融服务研究提供基础。

（2）将决策理论中的决策试验与实验评估方法引入种业发展金融服务模式的选择决策分析，为其中关键因素信用水平、种业平台发展程度以及种业知识产权利用水平等的定位和决策提供科学依据和方向，也为产业链视角种业发展金融服务模式研究框架提供依据。

（3）在种业发展金融服务现状分析和关键影响因素分析的基础上，本章提出了种业发展金融服模式研究的系统分析框架。种业发展的金融服务具有机理一致性和产业链不同环节、不同类型主体金融服务模式差异化的特点，总结和提出了分析种业发展金融服务模式优化的系统方法，将相关理论和实务问题纳入统一的分析框架。

第三章

种业发展金融服务的一般方式

本章主要是从我国现行的金融体系出发，重点分析了种业发展的政策性金融、商业银行、多层次资本市场等一般服务方式的现状、特征、机制及其典型模式，并将商业管理理论中的商业模式画布（Business Model Canvas，BMC）方法引入种业政策性金融、商业银行、多层次资本市场等一般服务方式的比较分析，从种业产业链视角综合比较分析三类基本方式的优势与局限性，为针对种业产业链不同环节、主体的金融服务方式选择提供一种可操作的工具，为异质性种子企业选择适合自身的金融服务决策提供基本参考（见图3-1），并为下文第四章、第五章、第六章基于产业链视角种业发展金融服务模式研究奠定基础。

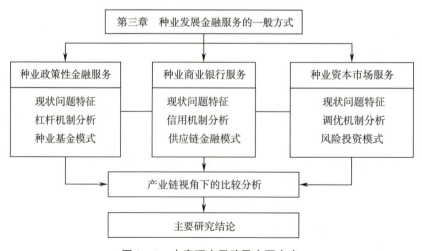

图3-1 本章研究思路及主要内容

3.1 种业发展的政策性金融服务

3.1.1 种业政策性金融服务的现状特征

（1）种业政策性金融服务的现状

种业的战略性、基础性、核心性的产业特性决定了种业产业链不同环节主体的发展离不开政策性金融的支持，目前种业政策性金融服务主要以政策性银行为主。2016年5月中国人民银行、农业部、银监会、证监会、保监会、国家外汇管理局等六部门联合出台意见做出了政策性金融安排，建立对接机制，助推种业龙头企业做大做强，要求人民银行等金融管理部门同农业部门积极推动和搭建银企对接平台，支持农业发展银行结合自身业务范围，在市场化运作的基础上发挥政策性银行作用。由此可见，政策性金融作为一项特殊的金融安排，也在不断发展变化，目前我国种业政策性金融主要包括"政策性银行""政策性种业投资引导基金"等在种业金融服务过程中发挥着重要作用，对于种业金融服务具有重要的引导和提升作用。

在政策性金融机构上，中国农业发展银行、国家开发银行、中国进出口银行等三大政策性银行具有显著规模优势以及政策性、有偿性、优惠性等特征，构成了我国政策性金融体系的主要主体，在贯彻国家种业战略意图，支持种业基础设施、重大项目、种业科技进步以及促进种子进出口业务发展等方面发挥了积极作用（见表3-1）。

表3-1　　　　三大政策性银行种业金融业务（措施）情况表

金融机构	种业政策性金融业务（措施）
中国农业发展银行	先后出台棉花良种贷款（2005年）、粮油种子贷款（2006年）、农业科技贷款（2010年）等贷款产品，对从事棉花良种繁育、经营等业务以及从事粮油种子生产、经营等业务的企业以及农业科技领域给予优惠贷款支持。加大向育、繁、推一体化种子企业倾斜，发放贷款62亿元

金融机构	种业政策性金融业务（措施）
国家开发银行	明确支持建设商业化育种、良种生产基地建设、种子收储体系、支持国内优势种子企业开拓国外市场等四大体系建设
中国进出口银行	与农业部或地方政府签订战略合作协议，重点支持种业走出去。如已经对重庆中一种业、隆平高科等种子企业"走出去"提供了有效的信贷等金融服务

资料来源：根据网站公布资料整理。

从表 3-1 所列的三大政策性银行针对种业的专属产品与支持特定的领域范围来看，三大政策性银行服务均充分体现国家对现代种业发展的战略意图与顶层设计，具有明显的政策性、专业性、区域性等特征。

随着种业投融资改革的发展，政府参与种业投资方式不断创新，各级政府意识到，通过设立种业发展引导基金，能够实现引导社会资本投资介入种业的目标。从引导基金的运作模式来看，参股基金、融资担保是两种主要的运作模式。不同类型引导基金模式见表 3-2。

表 3-2　　　　　　　　　　不同引导基金运作模式比较

模式	主要特征	适应对象
参股基金	参股投资企业或设立"基金的基金"；保本微利；能够持续运营	适用于国家级、地方政府级，适应性广泛，是引导基金的主要模式
融资担保	补偿被投资企业或担保机构以提高贷款额度；一般能够保本持续经营	一般适用于地方政府，适应范围较广，是引导基金的次要模式
投资保障	对企业予以补助，无偿支持，一般一次性支付	一般适用范围小，适用于重点支持中小企业，是引导基金的辅助模式
风险补偿	对投资机构予以补偿，无偿支持，一般一次性支付	一般适用于规模较小的区域性引导基金，是引导基金的辅助模式

为做大做强种子企业、提高我国种业国际竞争力，需从种业乃至农业产业链入手，对种业投融资体系进行顶层设计。为此，国家分别于 2013 年和 2014 年成立了现代种业发展基金和国家种业创新基金，现代种业发展基金成立以来，已经参与农发种业、隆平高科等种业上市公司定向增发、参股红旗种业和秋乐种业等新三板上市以及北京农林科学院所属种子企业实现战略重组等工程项目。2013 年 3 月，科技部、农业部、农发行和种业上市企业等共同推动成立"国家农业科技园区协同创新战略联盟"（以下简

称"园区联盟")园区联盟投资基金,旨在汇集社会资本、服务种业创新。2014年9月,在深圳前海成立了全国第一个以社会化资本投资为主体的国家种业创新基金。国内主要种业发展基金情况见表3-3。

表3-3　　　　　　　　国内主要种业发展基金情况表

基金名称		主要特点
现代种业发展基金		首期注册资本15亿元,目标募集总额为50亿~80亿元,主要以股权投资额方式对种子企业进行股权投资,并提供政策、信息等增值服务,围绕国家、基金本身、种子企业等主体发展目标,促进资本融合,推进种业转型升级优化,基金在被投资种子企业上市后转让股份等多种方式退出
国家种业创新基金		首期注册资本为5.15亿元,由创新联盟发起,由包括隆平高科、敦煌种业、北大荒等种子企业以及其他社会资本共同出资组建,以市场化方式运用,发展目标是建立种业基金群,不断扩大种业所需资金规模
区域性基金	陕西杨凌种业投资基金	由杨凌示范区管委会与中农高科(北京)科技产业投资管理有限公司共同发起并出资设立,总规模为15亿元人民币,首期募资1亿元,以种业企业的股权投资及提高陕西种业发展能力为目标,重点投资列入国家、陕西省和杨凌示范区发展规划中的重大种业产业化项目,促进育、繁、推一体化的现代农作物种业企业发展,采取IPO、股权转让、并购、回购、减持等方式退出
	江苏现代种业创业投资基金	基金主要投资于作物种业,同时兼顾其他类型种业,首期募集资金1亿元,由政府、种子企业等共同出资。重点支持区域内育、繁、推一体化种子企业,按公司法规定建立法人治理结构,按市场化方式运作
	安徽现代种业基金	第一只农业基金,由政府、农垦集团合现代种业发展基金共同投资成立,首期募集资金1.2亿元,该基金采取市场化运作方式,重点投资于作物种业做大做强的骨干企业、成长型种子企业、大型战略性种业发展,投资种业服务平台建设及种业战略性重大项目
	山东现代种业基金	第一只种业领域的政府引导基金,由政府、农科院、山东种业集团、天拓投资共同出资成立,初期规模3.72亿元,存续期10年,采取市场化运作,聚合政策和资金优势,主要投资山东省内种子企业发展,推动种业并购重组整合,促进商业化育种体系建设

资料来源:根据网站公布资料整理。

(2)种业政策性金融服务的特征

政策性与优惠性是种业政策性金融服务的两大核心特征。种业政策性金融虽然与其他资金融通方式一样具有融资性和有偿性,但其重要的特征是政策性和优惠性，其政策性是指市场机制不能有效解决的种业基础性、前沿性、重大科技创新攻关项目等创新活动，是为实现民族种业发展，针对种业的基础性、公益性领域特定目标而实施的金融手段；优惠性是指针对种业项目、种子企业的贷款在利率、期限、担保条件等方面比其他商业银行贷款更加优惠。

随着种业的市场化程度的发展，种业政策性金融服务的功能效应随之发生变化。种业政策性金融功能区域主要由种业商业化发展水平以及政府发展种业意愿与能力所决定的，是随着影响条件变化而发生动态变化的（见图3-2）。随着种业改革的深化发展以及以市场主导、种子企业为主体的商业化育种体系的不断完善，种业政策性金融发挥作用的边界区域逐渐缩小；而传统种业占比大以及政府发展种业意愿和能力越强，种业政策性金融发挥作用的区域就越大。此外，在现实中，种业政策性金融功能边界并不是清晰明确的，存在一定的模糊区域或者交叉区域（王卉彤，2013）。

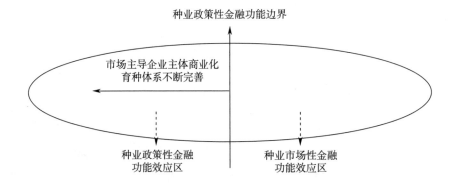

图3-2　种业政策性金融的功能边界示意图

从种业政策性金融服务的演变趋势来看，经历从高政策性较低金融性到政策主导的高金融性再到低政策性较高金融性的演化特征。从种业发展历程来看，政策性金融发挥着重要作用。根据种业发展阶段特点，一般在传统的计划经济时代，种业以非市场化的政府主导资金即高政策性较低金融性为主，一般属于一种偏强制性制度变迁的过程；随着种业改革的推进，在过渡期（转型期）种业以政策主导的高金融性为主，既注重政策性又注重金融性的发挥；而现代种业是以低政策性较高金融性为主，强调市场性金融的功效发挥，并且充分发挥政策性金融的引导机制，创新政策性种业金融服务可持续发展模式（见图 3 – 3）。

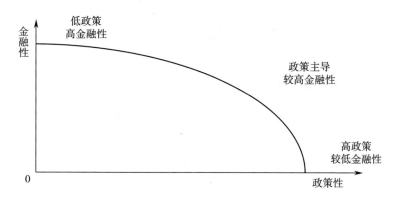

图 3 – 3　种业政策性金融演化趋势特征

当前，在种业改革深入推进的新形势下，国家明确提出了市场主导、企业主体的商业化育种体系建设，政府主导的重点是解决市场机制不能有效解决的基础性、公益性、公共性研究领域的资金支持问题。虽然，从种业发展演化阶段来看，种业与金融的结合离不开政府，但政府主导的前提是不能抑制市场机制的发挥，注重政府作用与市场机制的兼容性。

3.1.2　种业政策性金融服务的杠杆机制

（1）种业政策性金融服务的目标机理

种业政策性金融服务的目标，主要是通过政策性金融机构促进对种业商业性金融服务不能或者不愿意投资介入的领域的金融活动，促进种子企业做大做强与现代种业发展。其作用过程见图 3 – 4。

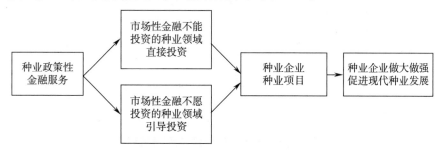

图 3 – 4　种业政策性金融服务的作用过程

在种业金融资源配置的过程中，一般所指的"市场失灵"是由于市场性金融不介入的范畴。不能投资表明该领域成本高、利润低等，投资该领域不符合市场理性，如种业重大育种项目、基地建设等；不愿表明种业不确定性大的领域、环节，其前景不明朗、投资风险大，商业性金融没有能力承担，如成长初期种子企业、重大前沿育种项目等。"市场失灵"表明针对种业领域市场不会选择或者滞后选择，但种业作为基础性战略性核心产业，有着极其重要的作用，市场不选择或滞后选择必须通过政策性金融的直接投资或降低风险的引导投资功能来实现。

（2）种业政策性金融服务的引导机制

引导机制的内涵。是指政策性金融通过其对种业企业、种业重大项目等实施的金融活动来引导商业性金融或者其他社会与资本以更大规模进行跟进投资，从而达到一种扩大种业政策性金融资金的投资规模，以促进现代种业发展战略目标的实现，目的是起到引导增值的功效。种业公益性、基础性、战略性研究要由政府推动，并与政策性金融资源协同匹配，同时通过政国家策性金融对重点种业企业、种业项目及种业发展关键环节的战略性投资，以此来表明国家支持种业科技创新发展的重点领域、重点项目、重点环节，由此来引导商业性金融以及其他社会资本对于种业进行更大规模的投资（见图3－5）。

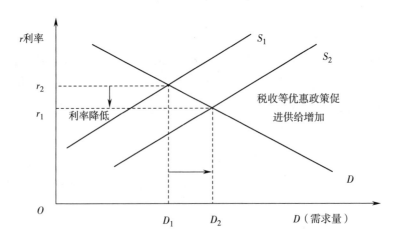

图3－5　种业政策性金融的引导机制

引导机制的机理。从根本上说，引导机制是政府为支持种业发展，放弃部分（或全部）商业利润，或者由政府来承担部分风险来"孵化"和"诱致"商业性金融机构进一步做出满足政府要求的投资行为，在这里由国家承担种业创新发展必要的"试错成本"。因而，种业政策性金融服务的引导机制的实现实质是利用了"利益激励"与"风险分担"的市场机制，关键是将政策性金融与市场机制的有机结合，突破传统意义上种业投融资的"路径依赖"影响，促进种业发展的金融服务更好地发生"互动"以及深度融合，促进资源配置的最优化。

引导机制的运行。引导机制的主要方式包括：一是政府鼓励政策性金融机构积极支持种业企业和项目。由于种业的高风险性及不确定性，政府应制定出台相关优惠政策并提出重点支持的种业企业目录及重点种业项目目录，鼓励引导商业银行给予信贷支持；二是政府应设立专项基金用于种业贷款的贴息补助，同时发展政策性担保机构对种业企业提供贷款担保支持，通过风险补偿、税收优惠等支持，支持种业发展；三是设立政策性投资引导基金，引导商业性金融以及社会资金流向种业领域，建立健全政策性引导基金的投融资机制。

（3）种业政策性金融服务的补充机制

补充机制的内涵。种业政策性金融服务补充机制主要通过弥补市场不足、克服市场失灵来促进现代种业发展，种业金融市场失灵的领域就是政策性金融发挥作用的领域。

补充机制的机理。政策性金融服务的补充机制的发挥是通过政策性金融对种业的支持实现种业公共资本积累来实现的，补充机制的传导过程是：种业政策性金融服务——种业公共资本积累——公共资本积累促进种业发展——政策性金融补充功能的实现。所谓的种业公共资本积累是种业所具有公益性、公共性物品的基础状况，主要包括种业发展基础条件、环境建设、研发能力、竞争力等主要方面的改善。

基础条件是种业发展的起点，基础环境主要是种质资源研发、品种管理、知识产权等，还包括种业市场、法规、制度等环境。而种业增长主要是种业产业结构、市场运行机制、研发创新能力等。种业政策性金融服务的补充机制从增加有形的公共资本积累和无形的公共资本积累两个方面来促进种业公共资本积累（见图 3 - 6）。

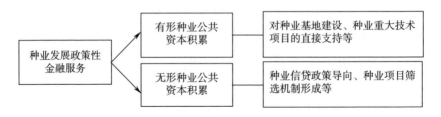

图 3 - 6　种业政策性金融服务的公共资本积累

种业政策性金融服务通过政策性金融机构的方式，对种业领域的重点项目、重点企业进行支持，如种业基地建设贷款、重大技术攻关项目等进行直接贷款支持，促进了有形的公共资本积累，实现了对种业发展的促进效应；种业政策性金融服务通过特殊的优惠政策来引导信贷政策的导向以及专业化的项目筛选机制，改善对种业重点领域的金融支持，促进了无形公共资本的积累，实现了种业政策性金融服务的杠杆放大效应。通过以上两方面运作过程，实现了种业政策性金融服务的补充机制（见图 3 - 7）。

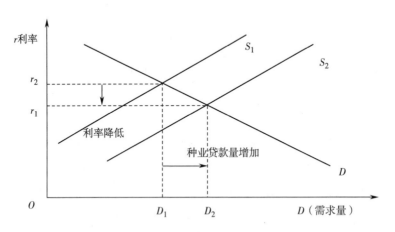

图 3 - 7　种业政策性金融的补充机制

补充机制的运行。具体而言，政策性金融对现代育种技术要求高及市场风险较高的种业领域进行倡导性投资，在低收益且回收期较长的种业项目上进行补充性融资支持，对成长性好的育、繁、推一体化种业企业提供优惠利率，通过间接融资或提供担保来引导商业性金融机构进行投资，在具体产品上主要是中长期固定资产贷款或项目融资贷款等（赵昌平，2013）。

3.1.3　典型模式——以现代种业发展基金为例

（1）基本情况

现代种业发展基金（以下简称种业基金）于2013年成立，主要成员包括财政部、农业部、农发行、中化集团等，是国内第一支具有政府背景、市场化运作的专门股权投资基金，是政府财政职能作用方式的创新。一方面发挥其引领和聚集功效，撬动社会资本投资种业，提升种子企业的资本运作水平和资金实力；另一方面，也为社会资本提供了可信可行的投资渠道[①]。围绕种业产业链上游、上下游布局"大种业、大农业"进行投资，主要对种子企业进行股权投资，支持制繁种基地建设，并提供政策、信息等增值服务。种业基金具有引导投融资改革创新、整合各类资本的优势，是资金+服务+政策的有效支撑，在农业供给侧结构性改革中发挥重要作用。截至2016年12月底，种业基金已经完成投资种子企业23家，投资规模达12.8亿元，带动其他社会资本95亿元。种业发展基金的投资管理公司组织机构包括股东会、董事会和监事会，设有投资决策委员会，职能部门包括投资管理一部、投资管理二部、综合管理部及计划财务部，具体运营架构见图3-8。

（2）运行分析

种业基金作为国家种业投资服务与资源整合者的角色，促进种业发展金融服务的有效发展，引导国家种业体制改革和投资机制创新，积极探索财政支农的新方式，挖掘种业战略投资方向和产业价值，引导种质资源、创新团队、品种技术和创新资源向拟投资对象聚集，推动种业资源的有序整合，提高种业基金投资管理能力和服务水平。目前，种业资金供给的加权价格和成本都处于比较高的状态，即图中 A 点，即种业金融需求服务供给体系不合理，供给效果差，成本高。假设较为理想的状态是 O 点，即种

---

① 资料来源：http：//www.farmer.co。

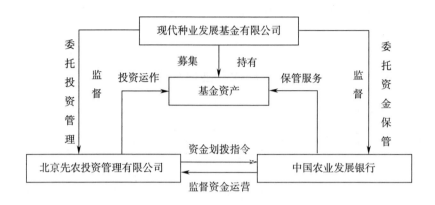

图 3 - 8　现代种业发展基金运营架构示意图

业资金供给的加权价格和成本都处于比较低，处于合理状态。而通过种业基金的投资引导、增值服务以及链接整合功能及一系列的措施，能够使状态从 A 点移动到 O 点（见图 3 - 9）。

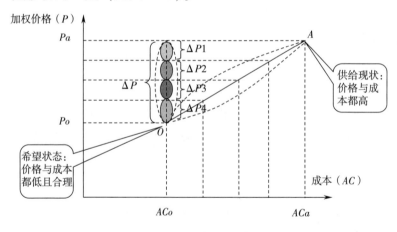

图 3 - 9　基金主导种业金融供给体系关系

其主要经验做法具体包括以下三个方面：

种业基金立足于我国现代种业、种业基金本身以及被投资企业的发展目标，以改革创新为动力，发挥其引导性和带动性作用，推进种业企业的兼并重组和产业的转型升级。种业基金积极探索通过与上市种子企业共同发起设立并购基金的形式，推动种业兼并重组。2014 年 12 月，种业基金与安徽省财政厅和安徽农垦集团共同发起设立安徽现代种业发展基金，推动具有区域优势种业的深化改革、优化结构和并购重组。2015 年 12 月 28

日，种业基金、中国林木种子公司与北京屯玉种业有限责任公司签署了《战略投资协议》。种业基金与中林种子出资 3.2 亿元共同投资北京屯玉，发挥其引领作用，推动行业间兼并重组；2015 年 6 月，种业基金与江苏中江种业股份有限公司签订战略合作协议，在资源整合、企业并购等方面合作，种业基金与中国林木种子公司共同参与江苏中江种业定向增发，共出资 10 710 万元，认购 7 000 万股。其中种业基金出资 3 060 万元，认购 2 000 万股，既推动企业提高育种能力和生产加工技术水平，同时又推动行业兼并重组，扩大基金的影响力和示范引导作用。

种业基金拓展为种业企业和基金自身"双增值"的服务功能，强化种业基金的投资服务能力，建立政府引导、市场起决定性作用的种业创新投资机制，为被投资企业做强做大和基金本身做优做特服务。2014 年 12 月 3 日北京先农投资管理有限公司与北大荒垦丰种业股份有限公司签署战略合作协议，现代种业发展基金有限公司和北京先农投资管理有限公司一同与北大荒垦丰种业股份有限公司签署战略合作协议，一致同意在主管部门的领导和支持下，在企业投融资、兼并、收购、重组、投资咨询等领域合作。

种业基金链接融合各级种业支持政策，组合运用证券、基金、银行信贷等多种融资工具，加强种业基金与相关金融机构的链接合作，促进财政资本、产业资本、金融资本和社会资本的协同整合运作。2015 年 12 月 23 日，种业基金、光明食品（集团）有限公司与上海市农业科学院共同签署《战略合作框架协议》，在种业及其他农业投资领域建立全面战略合作伙伴关系。2016 年 12 月 16 日，种业基金与浙江金控投资管理有限公司签署合作协议，将在水稻、蔬菜、水产、畜牧等领域开展合作，共同支持种业发展。

（3）主要启示

以上分析表明：第一，种业基金发挥了财政资金的政策导向作用，通过强大的专业性、引导性和带动性，为种子企业提供资金支持、政策服务、增值功能等，支持种子企业做大做强。第二，聚智聚力打造集信息、金融、人才和科技服务于一体的种业投资运营服务平台，拓展种业基金的投资咨询、媒介宣传、政策链接、人才孵化和资源整合等多元增值服务功能，实现种业基金和被投资企业"双增值"目标。第三，促进了以市场导向种子企业作为创新主体的商业化育种体系的建立，突破了种子企业的融资"瓶颈"，建立健全了资金的有效可持续循环机制。

3.2　种业发展的商业银行服务

3.2.1　种业商业银行服务的现状特征

种业发展商业银行服务的现状。种业发展商业银行服务一般是指种子企业针对自身发展过程中的融资等金融服务需求，在金融市场上搜寻能够为其提供金融服务，并向金融机构提出需求申请，金融机构根据业务要求对其经营状况、财务状况、发展趋势以还款来源等状况进行评估，并要求种子企业提供有效抵（质）押担保后为种子企业提供服务的一种方式。

为了解种业商业银行服务现状，我们调研样本种子企业78家，其中育、繁、推一体化种子企业62家，占调研样本种子企业的79%；其他类型种子企业16家，占调研样本种子企业的21%。在所有制类型上，民营种子企业56家，占比72%；其他国有企业等22家，占比28%。其中：有75家种子企业未来发展需要引入资金，占调研种子企业的96%，有3家种子企业未来发展不需要引入资金支持，占比4%。在有资金需求的种子企业中，有39家种子企业首选银行贷款融资方式，占有融资需求种子企业的52%。种子企业获得银行贷款的担保方式以抵押担保为主，然后依次为担保公司担保、信用方式及股东担保、品种权质押担保等方式（见表3-4）。

表3-4　　　　　　　　　样本种子企业融资担保方式选择

担保方式	种子企业数（家）	占样本有融资需求企业比（%）
固定资产抵押担保	55	77
土地使用权抵押	37	52
房产抵押方式	45	63
担保公司担保	13	18
品种权质押	8	11
信用及股东担保	10	14

种业发展商业银行服务的特征。通过调研问卷分析我们可以看出，种业发展的商业银行服务具有以下特征。

第一，产业链不同环节、不同类型的种子企业对商业银行融资等外源性融资依赖性强，侧面反映出我国种子企业内源性融资不足。截至 2015 年底，注册资本 1 亿元以上的种子企业仅 114 家，占比 2%，而注册资本 500 万元以下的种子企业达 3 172 家，占比 53%，整体上来看规模还偏小；从种子企业的资产规模来看，资产总额 10 亿元以上（含）的仅 10 家，资产总额 5 亿~10 亿元的仅 16 家，种子企业的资产规模不大；2015 年全国种子企业净利润仅 67.16 亿元，其中 3 126 家种子企业盈利，965 家种子企业亏损。此外，目前我国的种子企业大部分步入快速发展的成长期，此阶段的企业发展需要巨大的资金投入。因此，尽管对于种子企业而言，通过内源融资具有成本相对较小、风险比较低等优势，但是受种子企业的资本规模、资产规模和发展阶段的经营业绩等限制，种子企业内源资金的积累速度和规模还难以满足种子企业发展的需要。

第二，种子企业对于商业银行融资需求较大，但普遍面临抵押担保难题，在担保方式利用上，仍主要以传统的固定资产抵押担保为主，而对于品种权质押担保方式应用不多。在商业银行方面，商业银行一般以"收益""风险"与"流动性"相匹配作为其基本的原则。尽管种子企业偏好于利用商业银行贷款来解决资金问题，但由于种业发展各个环节以及所处生命周期阶段所具有的"风险—收益"特征不确定性较大，因而银行信贷资金通常偏好于仅占种子企业极少数的规模大、育种技术先进、具有充足抵押担保的大型种子企业，而并不适合于我国目前数量众多的正处于成长期的中小型种子企业。同时，在担保方式上，种子企业获得银行贷款的担保方式以固定资产抵押担保为主，在融资过程中遇到的最主要难点问题是抵押担保限制，而对于一直探索的种子知识产权抵（质）押贷款，由于目前种子知识产权存在评估定价难、交易复杂、变现能力不足等问题，故种子知识产权抵（质）押贷款在实践上很难实现。

第三，在种子企业利用商业银行融资过程中，商业银行强调抵押担保，反映出银行对种业认知以及整体信用状况的判断不足。种业具有周期长、投入大、风险高、利润率低以及不确定性大等特点，种子产业链自身的信息不透明。具体包括：①我国种业的对象、载体存在复杂性；②种业的主体和载体之间的关系以及种子目标收益、成本存在模糊性；③传统育种技术下经验育种家的"投入产出函数"难以解析即产生收益、成本的过程是灰色的；④种业的投入产出效率、资源利用效率、科技成果转化效率以及外部环境、成本、风险、价值管理等存在不确定性，由此而形成的种子行业阻力，面临包括技术、市场、财务、管理等风险，直接导致商业银行对于种子企业的融资持谨慎态度，进一步加剧了融资难题。

3.2.2　种业发展商业银行服务的信用机制

信用是种业发展金融服务的核心，构建种业金融信用机制是实现种业金融服务可持续发展的基础。信用具有促进资金优化配置、提高资金使用效率、加速资金周转、节约资金流通成本、加速资本集聚以及调节经济运行等功能，信用关系是现代金融的核心。

在本书中，我们提出的种业发展金融服务的信用机制构建是信用体系建设、信用等级评定以及信用担保等组成的一个有机系统。在信用体系建设方面，发达国家如美国通过专业的信用法律体系、中介机构以及有效的行业管理等措施形成了一种完全市场化的运作模式。在信用等级评价方法上，主要定性分析法与定量分析法、主观评级方法与客观评级法、模糊数学评级法与财务比率分析法、要素分析法与综合分析法、静态评级法与动态评级法、预测分析法与违约率模型法等。而通过信用担保增信机制对银行、种子企业、信用担保机构是进行帕累托改进的条件。当前，我国种业商业银行服务的主要障碍之一是信用问题，因此从信用体系构建、信用等级评价、信用担保等三个角度研究种业金融服务的信用机制。

（1）种业商业银行服务的信用机制内涵

种业商业银行服务的信用机制主要包括种业信用体系建设、信用等级评价机制以及信用担保机制等三方面内容，信用机制具有节约交易成本、优化金融资源配置、稳定种业金融发展环境、管理种业金融风险等功能。

种业信用体系建设是信用机制可持续发展的基础，也是发展种业金融服务的基础。从本质上来说，市场经济就是信用经济，为此，良好的种业信用体系建设能够促进种子企业获得良好的信用等级评价值，能够促进信用担保机制的有效运行。有利于增强种业诚信意识，提高行业自律水平，规范行业秩序，促进种业有序发展。种业信用体系建设的重点在于种子企业信用体系建设，重点考察种子企业的市场信用、财务信用以及种子企业自身组织的信用。同时，发挥政府在种业信用体系建设中的推动、引导、指导、监督作用，构建公平、有序的种业市场环境，提高种业发展水平。

种子企业信用等级评价是种业金融服务信用机制的关键。对于商业银行而言，建立种子企业信用评级体系有利于将种业信贷客户进行细分与市场定位，信用评级时考虑种子企业的特殊性，在种子企业综合素质、股权结构、财务指标、管理指标、竞争力指标和信用记录等方面，全面正确地评价种子企业的信用价值，根据种业发展变化要求，适时调整信用评级标准、流程以及结果的运用，保证评级的科学性与适用性，促进制定科学有效的信贷策略。种业信用评价体系的构建应坚持系统性、全面性、独立性、可操作性、多层次性、定量与定性相结合以及静态与动态相结合的原则，保证种子企业信用评价体系的权威性和公正性。

信用担保是信用机制实现的有效支撑，是种业金融服务的有效媒介。在种子企业与商业银行之间引入信用担保机构，使种子企业、商业银行、担保机构之间为实现信用传递、信息共享以及三边交易达成而形成的相互之间的契约关系，能够促进信用流的有效循环。信用担保机制需要完善的信用担保体系和信用担保制度建设，信用担保机制有利于信用体系建设、信用信息共享、信用评级担保机构的快速发展。

（2）种业商业银行服务信用机制的机理及运行

种业商业银行服务的信用机制三维分析见图3-10。

种业信用体系建设——信用机制的基础。加强种业信息、行业资讯的发布、交流，提高种业信息价值的针对性、及时性、准确性，为发展决策提供依据。利用中国种子协会深入开展中国种业信用企业评价，建立种子企业信用数据库；规范现有的评级机构，创造良好的征信环境，努力构建和维护诚信有序的种业发展环境。不断完善相关法律法规建设，以系统管

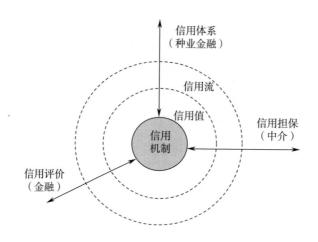

图3-10　种业金融服务信用机制三维图

理思维，建立科学有效的种子知识产权管理体系，健全专门的机构与法律法规和管理制度，切实加大知识产权保护的监督与管理，以实施种子法为契机，加大种业知识产权保护力度，推进种子法制化，构建有序市场环境，维护公平、诚信的种业金融发展环境。

种业信用等级评价体系——信用机制的关键。一般的信用等级评价采用"5C"评价体系，主要包括品质（Character）、经营能力（Capacity）、资本（Capital）、抵押（Collateral）、条件（Condition）等五个要素。在种子企业信用等级评价方法上，综合考虑种子企业的特殊性，采用定量分析和定性分析相结合的综合评分法，多采用定量指标，按照定量计分的原则建立信用评价体系。一般的信用等级评价，通常要使用信用状况的五性分析，即包括安全性、收益性、成长性、流动性和生产性等，通过五性分析即可对种子企业做出初步的判断。

在评价要素及评价指标的选择上，根据信用等级一般模式、企业成长理论与原则以及我国种子企业的特点，综合评价种子企业信用等级主要包括种子企业基本素质、研发创新能力、企业成长性、现金流量状况、偿债能力、盈利能力、营运能力以及投资能力等八个方面评价要素。种子企业信用等级评价的关键是评价指标的选择和评价指标权重以及评分标准的确定，在借鉴商业银行农业法人客户信用等级评价基础上，以种子企业信用等级的八方面评价要素确定评价指标，其中的定量指标在借鉴相关指标年度绩效值标准的基础上，由此，建立种子企业信用等级评价指标体系（见表3－5）。

表3－5　　　　　　　　　种子企业信用等级评价体系

评价要素	评价指标	权重	指标满意值（%）	指标不允许值（%）
种子企业基本素质指标	企业家素质	6	—	—
	管理能力	4	—	—
	企业规模	3	—	—
研发能力指标	研发费用占销售收入比	7	10	5
	研发人员占比	7	20	5
	品种专利数量	4	10	2
种子企业成长性指标	营业收入增长率	6	15	5
	净资产增长率	5	10	5
	净利润增长率	3	10	5
偿债能力指标	资产负债率	6	26	70
	流动比率	5	200	100
	速动比率	5	100	50
现金流量指标	现金流动负债比	5	20	6
	经营性现金流量增长率	4	15	5
	现金利息保障倍数	4	150	80
盈利能力指标	资产报酬率	2	15	4
	净资产收益率	4	20	8
	销售利润率	5	20	8
营运能力指标	应收账款周转率	4	300	50
	存货周转率	4	200	50
	总资产周转率	2	80	20
投资能力指标	投资活动融资比率	3	50	100
	现金再投资比率	2	10	50
总计		100	—	—

资料来源：参考商业银行信用等级评定管理办法、2015年行业年度绩效标准值。

种业信用担保机制——信用机制的支撑。

①担保机制的内涵意义。种业商业银行服务的担保机制是种子企业、商业银行、担保机构之间为实现信用传递、信息共享以及三边交易达成而形成的相互之间的契约关系。种业信用担保机制能够解决种业金融服务过

程中存在严重的信息不对称、不完备现象，在种业与金融结合的供给方与需求方，即种子企业与商业银行之间引入信用担保机构，通过信用流的传递，减少信息不对称现象，增加信息的有效供给，促进商业银行与种业之间良好信用关系与帕累托改进。

假设 p_i 为平均成功概率，银行的贷款利率 r，这样，1 单位信贷资金的预期收入为 $\pi(B) = p_i(1 + r)$；r_0 为市场基准利率；1 单位银行贷款预期收入至少大于 1 单位贷款最基本收益 $\pi(B) = 1 + r_0$；其他费用率 r_e。银行向申请的种子企业的贷款利率为：

$$r_i' = \frac{1 + r_0}{p_i} - 1 + r_e \qquad (3-1)$$

引入信用担保后：假定信用担保机构与银行的风险承担比例为 $\mu:(1 - \mu)$。贷款申请后，银行的预期收入为 $\pi'(B) = p_i(1 + r) + (1 - p_i)(1 + r)(1 - \mu)$。给定其他费用率 r_e，令银行预期收入等于市场基准收益，则银行对种子企业的贷款利率为：

$$r^* = \frac{1 + r_0}{1 - \mu(1 - p_i)} - 1 + r_e \qquad (3-2)$$

将 $\pi'(B)$ 与 $\pi(B)$ 进行比较可以发现：经过信用担保后，商业银行对种子企业的贷款利率降低，减少了种子企业的融资成本。但信用担保之后的信贷资金总供给及种子企业总产值是否增加要取决于具体条件。

信用担保是增信机制的一种，通常需要一定费用，假设担保费用为 g_i。如果 $g_i = 0$，很显然信用担保使得更多的 $r_i^* < r_i'$ 种子企业得到融资进行生产，从而银行总收益和种子总产出增加，但信用担保机构由于在种子企业失败时承担风险而面临预期损失。此时，种子企业、银行实现了帕累托改进，但信用担保机构的预期收益却下降了。

因此，在现实中 $g_i > 0$，假设担保费用由种子企业承担。所以，贷款利率的决定不受影响，由（3-2）给出。信用担保机构的预期收益为：

$$p_i g_i + (1 - p_i)[g_i - (1 + r_i)(1 - \mu)]$$

假设信用担保机构要求的预期收益为 r_g。如果 $r_g = 0$，可以理解担保机构是政府要求成立的非营利性机构；如果 $r_g > 0$，可以理解担保机构是追求盈利的商业性担保机构。

均衡担保价格为：

$$g_i = r_g + (1 - p_i)(1 + r_i)(1 - \mu)$$

承担信用担保费用后，种子企业的成本由 r'_i 变为 $r_i^* + g_i$。如果 $r_g = 0$ 并且：

$$\frac{(1 + r_0)(1 - p_i)}{p_i[1 - \mu(1 - p_i)]} + r_e \geq 2 \qquad (3 - 3)$$

那么 $r_i^* + g_i \leq r_i'$，贷款利率的下降幅度大于担保费用。此时，更多的种子企业获得贷款，种子企业的总产出上升，银行的贷款总预期收益增加，信用担保机构的预期收益率（获得均衡无风险利率）。因此，（3-3）式是非盈利的政策性信用担保机制加入之后的银行、种子企业、信用担保机构的收益相对于没有信用担保机制之前的各方是一个帕累托改进。

如果 $r_g > 0$，商业性担保信用机制的引入不一定导致贷款利率的下降幅度大于担保费用。尤其当 $r_g > 1$，种子企业的总成本（贷款利率＋担保费用）反而大于没有担保时的贷款成本（仅有贷款利率）。因此，担保机制的引入应该也有所选择。

②信用担保机制的运行方式。根据商业银行与信用担保机构在种业金融服务过程中所起作用大小，一般可以将信用担保方式分为授权保证担保方式和直接征信担保方式两种。这两种信用担保方式的具体运作流程如图3-11和3-12所示。在授权保证担保方式下，商业银行在合作过程中对信用调查起主导作用，因此，对于信用担保机构的要求较低，达到一般规模即可，但要协调好信用担保公司与商业银行相互之间的关系。就此而言，银行对种业的信息了解一般比较多，由商业银行对于种子企业展开信用调查，能够节约一定的调查成本。

而直接征信方式下，信用担保机构是合作过程中信用调查、审查的核心，对担保机构的要求比较高，要求担保机构具备专门的调查机构和人员，一般即使信用担保机构已签发了担保书，但商业银行为了保障信贷资金的安全仍可能对种子企业开展重复调查，会造成信贷担保过程中手续复杂、时间延长、担保成本较高。

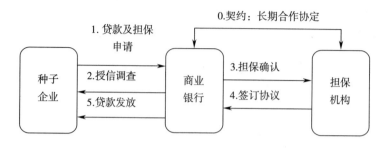

图 3-11　授权保证担保方式运作流程图

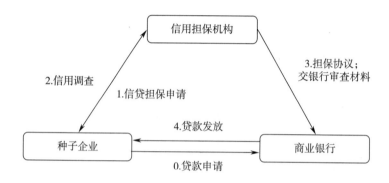

图 3-12　直接征信担保方式运作流程图

3.2.3　典型模式——供应链金融模式

（1）种业供应链金融模式的内涵

供应链金融服务模式是以种业产业链上核心种子企业为核心的一种种业金融服务模式。发展种业供应链金融有利于实现种业和商业银行的互利共赢，是种子企业创新与金融创新的有机结合。种业供应链金融模式主要包括两个层面，一方面，由种业供应链上的核心企业主导的供应链金融，由核心企业提供信用担保，金融机构向链条上相关其他育、繁、推种子企业以及用种主体等提供资金等金融服务，要求种业供应链的链型是紧密型的；另一方面，如果种业供应链上不具备核心企业，种业供应链继续向下延伸到农产品供应链，由农产品供应链上核心企业主导的供应链金融，由农产品核心企业提供信用担保，金融机构为种业供应链上"育、繁、推"等环节相关主体提供融资等服务。

（2）种业供应链金融模式的主体结构分析

供应链金融是银行的一项独特的商业模式。它是银行以种业产业链的核心企业信用为依托，利用核心企业信用，在与其基于业务关系形成的金融契约关系，针对产业链的各个环节，设计个性化、标准化的金融服务产品，提供综合解决方案的一种服务模式，实现银行、核心企业和上下游客户共存互利的产业生态体。

金融主体角度——商业银行。从银行角度来看，供应链金融模式是以核心企业为切入点研究整个供应链。通过核心企业信用支撑，为供应链关键环节主体提供融资等金融支持，提升了供应链的竞争能力。

种业主体角度——核心企业、上下游企业。根据供应链的基本规律，"种业""金融"各个利益主体间的力量是非对称的，"金融"的议价能力更强，议价能力强的一方会将风险转嫁给供应链上的企业。为了平衡"种业"与"金融"双方的势力，供应链金融的管理机构承担了"种业"（上下游企业、核心企业）与"金融"（银行）进行博弈的中介职责，这样就会增强供应链上全体企业进行博弈的整体感。因此，供应链管理机构会为整个供应链条及链条上各节点的企业带来更多的收益，同时还会通过一系列的协调活动来保证各企业保持高度信任的状态，使得这些企业间的关系从"竞争"真正地走向"竞合"（见图3-13）。

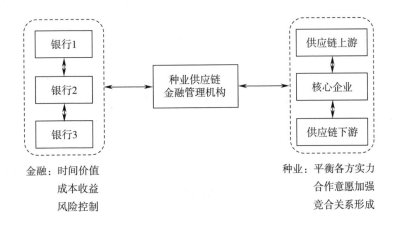

图3-13　种业供应链金融模式主体结构

（3）种业供应链金融模式的运行

种业供应链模式中核心企业是供应链上物流、商流、信息流、资金流的重要核心环节，核心企业能够向金融机构提供行业数据和资源信息，有效缓解金融和种业之间的信息不完备、不对称、价值低等问题，促进金融向种业生态圈乃至农业生态圈各类型主体提供金融服务并有效控制风险（见图3－14）。一般种业供应链是以新品种研发为核心的，核心企业处于种业供应链的上游，种业供应链的形成与核心种子企业的研发创新能力密切相关，核心企业向下游延伸，经过繁育、加工、推广等环节才到达用种主体，每个节点都是供需关系。如果种业供应链继续延伸就是农产品供应链，种子的消费者是农产品供应链原料的提供者，种业供应链末端是农产品供应链的上游与开始。该模式通过两个层面核心企业主导下的供应链金融促进了种业金融服务发展，反过来通过金融将供应链资源聚集整合，推进种业供应链的发展以及种业供应链与农产品供应链的协同、优化，既促进了种业做强做大，又推进了农业现代化发展。

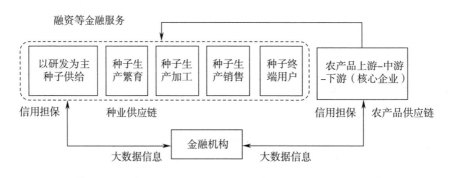

图3－14　种业商业银行供应链金融模式

对于我国种子企业而言，"育、繁、推"一体化大型种子企业占比不足5%，种业供应链的现实情况是缺少核心企业，存在数量众多在某一环节做优做特、做专做精的中小型种子企业。但是存在诸多中小型种子企业由于规模实力、信用水平、信息价值以及抵押担保等方面的不足问题，不仅自身难以获得金融服务，更不能在供应链上发挥核心主导作用。为此，这种模式的重点是培育发展种业供应链以及农产品供应链核心企业。农业部在2014年世界种子大会上提出了"要构建以大型现代农作物种业集团为龙头、以专业化种子企业为支撑、以服务型种子企业为配套的企业集群",并且明确提出力争到 2020 年有 2~3 家种子企业迈入全球种业 10 强行列,加快培育大型种子企业的步伐。由此可见,该模式有巨大的发展空间,关键是培养发展核心企业并引导核心企业促进各环节的协同,形成稳定、紧密的链条,不断创新种业乃至农产品供应链商业模式,而对于金融机构要进一步细分挖掘各环节价值点,创新开发多元有效的产品,满足链条主体金融需求。

3.3　种业发展的多层次资本市场服务

3.3.1　种业多层次资本市场服务的现状特征

（1）内涵与意义

多层次资本市场的内涵。不同的学者对于多层次资本市场有着不同的认识。本研究所涉及的种业多层次资本市场是指为种子企业提供直接融资的所有资本市场,主要包括主板市场、创业板、新三板市场、区域股权交易中心以及风险投资等。

多层次资本市场对于种业发展的意义。种业多层次资本市场的形成和发展是现代种业发展与市场供求、市场演化共同作用的产物。位于产业链不同环节、不同类型的种子企业,都有提高多层次资本市场服务做强做大的需求。发展种业多层次资本市场,通过直接股权投资（如定增）或与种子企业联合并购等方式,推动或帮助具有整合意愿与实力的种子企业进行行业内的并购与整合,提升种业实力与竞争力;推动种子企业与农药、化肥、生物、IT 等跨行业有效兼并整合,利用优势资源提高农业生产效率;通过投资机构作纯 VC 投资,投资机构通过 IPO 进行退出建立多样化的退出渠道,能够帮助种子企业进行研发或创新商业模式,提升其并购价值。种业多层次资本市场可以满足种子企业投资者、融资者由于规模、发展生命周期阶段、主体特征不同而产生的差异化的金融需求,有助于我国种业发展与转型升级,也是实现现代种业创新发展的必由之路。

（2）种业多层次资本市场服务发展的现状

种子企业主板上市情况。截至 2016 年末，我国种子企业通过国内主板（沪深 A 股）上市 9 家，其中：深市上市 6 家，沪市上市 3 家。此外，国外上市（SPAC）1 家，为奥瑞金种业。具体情况见表 3 - 6。

表 3 - 6　　　　　　　　　　　种子企业主板上市情况

企业名称	成立日期	主营种子类别	首次公开发行募资总额（万元）	再融资次数	再融资形式	再融资募资总额（万元）
丰乐种业	1984 - 06 - 16	水稻、玉米、甜瓜、蔬菜种子	30 375	1	配股	158 100
大北农	1994 - 10 - 08	水稻种子、玉米、棉花种子	212 800	1	定向增发	219 999
万向德农	1995 - 09 - 13	玉米、水稻、大豆	13 880	0	无	0
敦煌种业	1998 - 12 - 28	水稻、小麦、玉米、棉花种子	42 600	2	定向增发	91 950
隆平高科	1999 - 06 - 30	杂交水稻、玉米等	71 390	1	定向增发	164 500
农发种业	1999 - 08 - 13	水稻、小麦、玉米、棉花	50 400	3	定向增发	100 572
登海种业	2000 - 12 - 08	玉米、小麦、花卉种子	36 740	0	无	0
神农大丰	2000 - 12 - 29	杂交水稻	96 000	0	无	0
荃银高科	2002 - 07 - 24	杂交水稻、瓜菜、棉花种子	46 992	2	定向增发	0
奥瑞金	2005 - 02 - 10	玉米、水稻、棉花、油菜种子	—			

资料来源：根据企业公开报告整理。

种子企业新三板挂牌情况。新三板是多层次资本市场的摘要一环，是支持种业发展转型升级的重要平台，更是当前金融制度改革创新过程中最有效的一次供给侧改革。近三年来，随着我国多层次资本市场的发展，全国中小企业股份转让系统（简称新三板）为一批不能满足主板、创业板、中小板上市条件要求的种子企业搭建了新的股权融资通道，截至 2016 年底，全国在新三板挂牌的种子企业达 30 余家。具体情况见表 3 - 7。

表 3 - 7　　　　　　　　　　部分新三板挂牌种子企业情况

名称	成立日期	主营种子类型	挂牌日期	总市值（亿元）	流通市值（亿元）
秋乐种业	2000 - 02 - 12	小麦、玉米、花生、棉花	2014 - 08 - 18	13.09	12.4
鲜美种苗	2000 - 09 - 27	玉米、水稻、西瓜	2015 - 07 - 22	1.59	0.91
中香农科	2001 - 01 - 04	水稻、棉花、油菜	2015 - 06 - 19	2.26	1.35
红旗种业	2001 - 04 - 19	水稻、小麦、玉米、油菜	2014 - 10 - 30	—	

续表

名称	成立日期	主营种子类型	挂牌日期	总市值（亿元）	流通市值（亿元）
西科种业	2001 - 12 - 05	水稻、小麦、玉米、油菜	2015 - 08 - 06	11.77	8.43
金秋科技	2001 - 12 - 09	水稻、玉米种子	2015 - 07 - 11	1.51	1.18
中江种业	2002 - 01 - 08	杂交水稻、小麦、玉米	2014 - 05 - 05	17.77	17.27
锦棉种业	2003 - 10 - 03	小麦、玉米、番茄、棉花	2014 - 01 - 24	1.68	1.63
凌志股份	2006 - 08 - 28	马铃薯种子	2015 - 01 - 27	5.87	2.32
垦丰种业	2007 - 07 - 14	玉米、大豆、小麦、甜菜	2015 - 01 - 27	45.41	23.68
帮豪种业	2008 - 10 - 14	玉米等农作物种子	2015 - 06 - 08	5.89	3.42
德宏种业	2011 - 07 - 12	小麦、玉米等研发销售	2015 - 08 - 19	1.39	0.60
康农种业	2007 - 09 - 29	玉米、小麦研发销售	2016 - 05 - 23	2.01	0.67
大民种业	1998 - 06 - 01	玉米、蔬菜类种子	2016 - 02 - 16	8.00	6.24

资料来源：据企业公开报告整理。

　　种子企业区域性股权交易中心登记挂牌情况。一部分种子企业选择在天津股权交易所、齐鲁股权交易所、上海股权交易所等区域股权交易中心登记挂牌来实现股权融资，据不完全统计，近几年来，有20多家种子企业在6个区域股权交易中心登记挂牌。具体情况见表3-8。

表3-8　　　　　部分区域股权交易中心登记挂牌种子企业情况

企业名称	挂牌交易所	成立日期	注册资本（万元）	挂牌登记日期
活力种业	天津股权交易所	2007 - 1 - 16	4 000	2011 - 11 - 8
翠沐农业	天津股权交易所	2013 - 5 - 27	2 000	2014 - 11 - 28
苗丰股份	天津股权交易所	1997 - 5 - 15	1 053	2013 - 10 - 29
田园农业	天津股权交易所	2005 - 7 - 21	3 000	2014 - 4 - 29
世纪五丰	天津股权交易所	2010 - 8 - 19	3 000	2014 - 12 - 1
鲁农种业	齐鲁股权交易中心	2006 - 11 - 10	3 150	2011 - 9 - 8
银兴种业	齐鲁股权交易中心	1999 - 1 - 29	4 138	2013 - 4 - 17
华庭种业	上海股权托管交易中心	2006 - 3 - 24	1 000	2014 - 9 - 11
民得利	上海股权托管交易中心	2005 - 8 - 3	3 000	2015 - 1 - 20
玉丰源种业	新疆股权交易中心	2006 - 8 - 28	3 000	2014 - 1 - 29
惠民种业	新疆股权交易中心	2008 - 3 - 13	3 000	2013 - 12 - 31
前海种业	新疆股权交易中心	2006 - 9 - 28	2 000	2014 - 3 - 14
耕野种业	新疆股权交易中心	2004 - 7 - 30	1 003	2014 - 3 - 14
合信科技	新疆股权交易中心	2003 - 1 - 20	1 500	2014 - 1 - 13
天合种业	新疆股权交易中心	2000 - 1 - 10	1 045	2013 - 11 - 15

资料来源：Wind 资讯。

风险投资机构投资种子企业情况。一部分种子企业选择出让部分股权给风险投资机构（VC）或私募股权投资机构（PE）来实现融资，一些比较活跃的民营投资机构，如高特佳、九鼎、同创伟业、深创投、中科招商、复星创富等已经开始寻找投资机会介入种子企业。据不完全统计，已经有20余家种子企业获得PE/VC的介入。此外，还包括神农大丰、敦煌种业、农发种业等上市种子企业以及帮豪种业等新三板挂牌种子企业均获得了风险投资机构（VC）或私募股权投资机构（PE）的投资。具体情况见表3-9。

表3-9 部分获得风险投资（VC）或私募股权投资（PE）投资种子企业情况

企业名称	PE/VC 投资机构	金额（万元）	币种	融资方式	融资轮次
瑞华种业	长沙科投	—	—	VC	A
神农大丰	财信创投	1 000	人民币元	VC	A
三北种业	中科招商	—	—	VC	A
德农种业	弘毅投资	—	—	PE	A
森禾种业	中科招商	8 000	人民币元	VC	A
神农大丰	联盛创投	2 700	人民币元	VC	B
	红岭创投	12 825	人民币元		
康地种业	天图资本	2 000	人民币元	PE	A
	高新投	2 688.98	人民币元		
敦煌种业	瑞华投资	7 500	人民币元	PE	PIPE
农发种业	弘腾投资	26 531.39	人民币元	PE	A
金健种业	深圳金盛创投	2 741	人民币元	VC	A
圣丰种业	深创投	—	—	VC	A
帮豪种业	嘉富诚	2 000	人民币元	VC	A
科裕隆种业	中农高科投	2 000	人民币元	VC	A

资料来源：Wind 资讯。

（3）种业多层次资本市场面临的问题

由上述分析可知，种业多层次资本市场服务面临如下主要问题。

目前，资本市场上市（含登记挂牌）的种子企业数量占我国种子企业总数的比重还很小。截至2015年底，我国种子企业4 660家，尽管国家出台了诸多种业金融支持政策，但国家出台的《公司法》《证券法》、沪深交易所的《上市规则》等都对企业上市做出了较为严格的规定，并且国家对企业上市融资实行严格的审查，在企业数量上，目前在主板上市、新三板挂牌、区域产权交易中心登记挂牌以及获得风险投资介入的种子企业仅为60余家，占全部种子企业总数量的比重还不足2%，尤其是在主板上市种子企业仅9家。

近几年，我国种子企业上市（含登记挂牌）的发展速度比较快，但利用资本融资的效率还不高。近几年来，种子企业多层次资本市场服务的发展速度很快，尤其是新三板和区域性股权交易中心等的兴起与发展，在一定程度上增加了种子企业利用多层次资本市场进行股权融资的层次性和多样性。据不完全统计，近三年来在新三板或区域股权交易中心挂牌的种子企业近40余家，但其中80%以上的种子企业并未实现真正的股权交易，基本还没有实现股权融资。

在上市种子企业中，仍采用传统路径融资占有较大比重，利用资本市场进行股权融资路径创新不足。在主板上市的种子企业中，发债融资所占比重较小，而银行贷款融资所占比重仍旧很大，11家境内上市种子企业虽然实现了上市融资，但仍有8家上市种子企业的银行贷款融资比重占其融资比重的50%以上，有的甚至高达70%以上，而对于风险投资、股权信托、股权众筹、资产证券化等新兴融资方式利用不足。

种业利用风险投资融资有所发展，但融资额度还偏小，投资频率不高，资本退出渠道还有待进一步完善。风险投资与种子企业之间的合作关系对投资项目乃至被投资的种子企业发展起着至关重要的作用，但是从目前的数据来看，种子企业获得投资机构的投资金额一般比较小，大多投资在几千万元；投资的频率也比较低，一般每年有1~2笔投资；在投资退出渠道上，由于多层次资本市场发展不完善造成资本退出渠道有待进一步健全完善。

3.3.2　种业多层次资本市场服务的调优机制

（1）资本市场调优机制的内涵

所谓调优机制，即建立动态的板块之间有序的"转板"机制，上市

（含等级挂牌）种子企业根据资本市场各个板块的要求以及自身发展情况、发展战略，在资本市场各板块之间进行转换，实现资本市场资源的优化配置。其中对于符合条件的种子企业，通过一定的程序实现升板，即从新三板到创业板或者主板的转换；而对于发展不好的种子企业，坚持强制降板原则。美国、英国等国外发达国家的成功经验表明，建立发达资本市场体系，并建立顺畅的"转板"机制，不仅可以扩大升板种子企业的融资能力，促进资源的合理配置，还有利于种业的转型升级优化。

（2）调优机制的作用机理

种子企业生命周期的资本市场需求分析。一般而言，种子企业的生命周期可以划分为种子期、初创期、扩张期（或成长期）和成熟期四个阶段，不同生命周期阶段的种子企业对于资本市场而言，其投资价值和投资风险具有多样性，进而融资渠道和资本数量需求具有差异性，因此，对于不同层次的资本市场需要采用不同的策略。种子企业对多层次资本市场的需求具体情况见表3－10。

表3－10　　　　　　　　种子企业生命周期与资本市场

阶段	资金需求及主要用途	主要风险	可利用资本市场
种子期	资金规模小，研发创新	技术风险	很少，新三板
初创期	资金需求较大，研发创新、推广	研发风险、市场风险	较少，新三板
扩张期	资金需求大，规模扩张	市场风险、经营风险	创业板、中小板
成熟期	资金需求大，进一步扩张	较小	创业板、主板

种子企业生命周期与多层次资本市场匹配分析。资本市场本身具有普适性，我们提出了种业多层次资本市场的概念。从更广泛的意义上讲，种业多层次资本市场实质上是为种子企业提供直接融资的所有资本市场，包括部分主板市场（含中小板市场）、创业板市场、新三板市场及场外交易市场和风险投资等（见图3－15）。

（3）调优机制的运行。一是将各板块的实际上市门槛向法定上市门槛回归；二是在创业板发展到一定的成熟程度时，可适度下调准入门槛；三是简化审批程序；四是推进新三板建设，建立严格的信息披露制度。

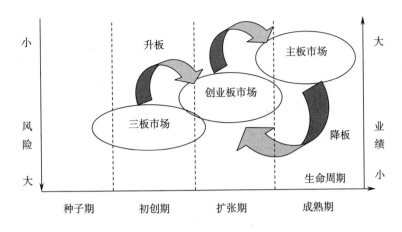

图 3 - 15　种子企业生命周期与多层次资本市场

3.3.3　典型模式——风险投资融资模式

风险投资的内涵及功能特点。从金融的角度讲，风险投资是一种集融资与投资于一体、汇资本供应与管理咨询于一身的创新性融资模式，在解决种子企业的融资活动中不仅能够提供资金与增值服务，而且有利于优化资本结构、促进构建研发体系、把握并购重组机会、推进国际化战略以及引导社会资金和关联产业资金进入种业，发挥对种业企业投资引导作用。其特点可以从风险投资与一般金融投资比较中得到体现，见表 3 - 11。

表 3 - 11　　　　　　　　风险投资与一般金融投资比较分析

投资类别	风险投资	一般金融投资
投资对象	新兴、发展迅速、具有潜力的企业	风险可控、有稳定收益的传统企业
投资方式	股权投资	贷款
担保方式	无须担保	需要企业提供抵押担保
投资管理	提供管理、咨询等增值服务	借贷关系，进行贷后管理，以保障还本付息
投资风险	风险大	风险相对较小
投资收益	收益高	收益为本息，由利率和期限决定
退出方式	企业上市、股份转让、清算	按约定收回本息

种子企业利用风险投资融资的机理分析。依据企业生命周期理论，种子企业与风险投资的互适性表现在：一方面，不论处于何种发展阶段，不

论处于产业链的哪个环节，种子企业对于金融服务特别是融资的需求都普遍存在；另一方面，存在大量的追求高风险、长周期、高收益的风险资本，需要寻求潜力大、成长性强的产业作为投资对象，种子企业因其高成长、高回报性，则恰能满足风险资本投资的需要（见图 3 - 16）。风险投资与种子企业具备协同匹配的风险利益结构和价值需求结构，存在本质上的融合性（尹中升，2011）。

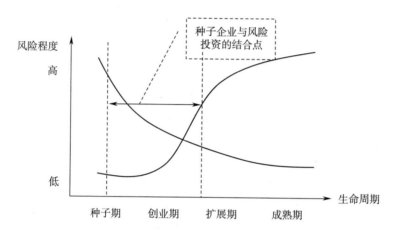

图 3 - 16　基于生命周期的种子企业利用风险投资互适性分析图

就完整的资金封闭循环过程而言，风险投资的运作主要包括融资、投资和退出三个紧密关联的环节，其中融资环节是指资金的"入口"角色，投资环节提供资金与增值服务，退出环节是指资金的"出口"，三个环节之间相互作用、相互渗透、相互制约，种子企业利用风险投资的过程实质就是种业风险投资系统构成要素的动态化。风险资金的提供者一般包括大型企业、金融机构、个人及政府等，投资者通过风险投资机构将资金投资于种子企业，同时承担投资风险并在退出时获得投资收益。专业的风险投资机构是投资者与种子企业之间的桥梁。专业的风险投资机构一方面可以多渠道募集资金；另一方面通过系统的甄选标准、流程和专业的投资策略，筛选种子企业与项目，采取组合、分阶段等策略投资于种子企业，提供管理、咨询等增值服务。同时，通过风险投资的甄别机制与资金导向作用，吸引社会资本、金融资本、产业资本等进入。在时机成熟时，风险投资机构通过资本市场撤回增值资金并进行其他项目投资，完成完整的资金循环，实现了"资金放大器"功能、"风险调节器"功能和"企业孵化器"功能。在整个过程中,一方面,风险投资为种子企业提供资金融投、治理结构优化、管理咨询等增值服务,促进种子企业成长与发展;另一方面,种子企业的发展壮大不仅为风险投资带来收益回报,还能为风险投资拓展种子全产业链的潜在项目与客户,有效地促进风险资本的可持续发展。运作机理见图 3 – 17。

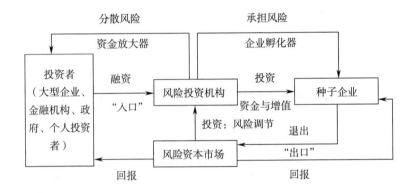

图 3 – 17 种子企业利用风险投资融资模式运作机理

种子企业利用风险投资融资的策略。发展种业多层次资本市场解决种子企业融资问题,重点要解决资金的"入口"与"出口"问题,保障风险资本的有效循环与价值实现,即融资—投资—退出结合的过程,基于价值发现、价值创造、价值实现的一条完整的价值链。首先,不断完善资金"入口"的拓展。大力拓展主要包括有实力的农业/非农大企业投资,金融机构投资,外资、科研机构投资,个人投资者投资,政府资助等可能的资金来源。其次,建立健全风险投资资本退出机制。资本的退出是风险资本内在的流动性和变现性的一个重要渠道,风险投资只有具备完善的资金"出口"机制,在种业中运行的资金才可能形成一个完整的"投资—增值(或亏损)—退出—再投资"的资金循环链(张国志、卢凤君,2015)。

3.4   产业链视角下的评价比较分析

为了更清晰地分析展现种业政策性金融、商业银行、多层次资本市场等在针对种业产业链不同环节、不同类型主体金融服务的优势与局限性，本书根据亚历山大等人提出的商业管理理论中的商业模式画布做进一步比较分析。

3.4.1   商业模式画布的构成要素

商业管理理论中的商业模式画布是"一种用来描述商业模式、可视化商业模式、评估商业模式以及改变商业模式的通用语言"。是由亚历山大·奥斯特瓦德（Alexander Osterwalder）创立并推广运用，主要是将商业模式创新可能涉及的价值主张、渠道通道、客户细分、收入来源、核心资源、关键业务、重要合作、成本结构等9个相关因素在平面图上进行比较分析，可以明晰商业模式的运行情况，有助于异质型种子企业选择适合自身所处产业链环节特点和需求特征的金融服务模式。

3.4.2   基于商业模式画布的比较分析

利用商业模式画布进行比较分析，主要从种业和金融两个角度进行，包括价值主张（VP）、渠道通道（CH）、客户细分（CS）、收入来源（R$）、核心资源（KR）、关键业务（KA）、重要合作（KP）、成本结构（C$）等9个方面，三种金融服务方式的画布见表3-12、表3-13和表3-14。

表 3 – 12　　　　　　　　　种业政策性金融服务模式画布

KP	KA	VP	CR	CS
种业：政府支持、政策性银行信贷资金、基金 金融：大型、优势种子企业	种业：基础性、公益性种业项目 金融：国家政策优先支持项目、企业	政策性信贷资金、股权资金	一对一	种业：政策性金融机构 金融：种子企业、基础性项目、引导性项目
	KR 种业创新技术、品种、项目 金融：信贷人员、进入产品		CH 信贷人员政府	
C $ 种业：难获得 金融：信息成本 甄别		R $ 种业：创新品种 金融：国家投入；利息（股息）		

表 3 – 13　　　　　　　　　种业商业银行服务模式画布

KP	KA	VP	CR	CS
种业：商业银行信贷资金 金融：大型、优势种子企业	种业：抵质押资产 金融：审核财务指标、抵质押评估	信贷资金	一对一	种业：商业银行 金融：种子企业、种业项目
	KR 种业创新技术、项目 金融：信贷人员、金融产品		CH 信贷人员	
C $ 种业：比较难 金融：信息成本 甄别评估成本、风险损失		R $ 种业：创新品种 金融：贷款金融×利率		

表 3 – 14　　　　　　　　　种业多层次资本市场服务模式画布

KP	KA	VP	CR	CS
种业：主板、创业板、新三板、区域板块等 金融：大型种子企业	种业：审核财务、评估	股权融资	一对一	种业：各版块风险投资 金融：种子企业、项目
	KR 创新品种、人才、项目信贷人员		CH 合作关系管理	
C $ 种业：难 金融：信息成本 甄别、评估成本		R $ 种业：创新品种 核心竞争力 金融：相关服务收入		

表 3 - 12、表 3 - 13 和表 3 - 14 突出地反映出在我国现有的金融制度条件下，政策性金融虽然是种业发展的优选融资路径，但获得难度较大，一般适合于大型种业集团以及公共性、公益性种业项目；在商业银行方面，受金融担保抵押制度的限制，商业银行负债经营的性质以及信贷资金的运行规律决定了银行信贷资金对种子企业的偏好较少，难以满足大多数种子企业较大规模的融资需求，尽管种子知识产权作为种子企业的无形资产在企业资产构成中占有很大比重，但品种权作为融资抵质押物，存在价值评估复杂、评估金额偏低、发展前景难以预测等诸多不利因素，还很难给种子企业带来有效的资金供给。从上市融资来看，国家对企业上市融资有比较严格的规定，大部分种子企业的资产规模、业绩记录、管理水平等指标还不能达到上市融资的标准（见表 3 - 15）。

表 3 - 15 种业不同融资渠道优势与局限性

一般金融方式	优势	局限性
政策性融资	大型种子企业、种业项目；在利率、贷款期限、担保条件等方面均有优惠	解决基础性问题、获取范围小
商业银行	一般大型种子企业容易得到贷款支持，规模大灵活性强	信息成本、利率定价等造成的资金获得成本高、融资难、审批复杂
资本市场	可以募集大量资金、提高企业知名度、政府鼓励	成本高、对种子企业指标要求严格

由以上分析可见，在价值主张、渠道通道、客户细分、收入来源、核心资源、关键业务、重要合作、成本结构等 9 个方面，种业发展的政策性金融服务、商业银行服务、多层次资本市场服务是解决种业产业链不同环节、不同类型主体金融服务的基本方式，但随着种业产业链的演化发展，其基本金融服务方式仍存局限性，因此，必须开拓创新性的商业模式来解决种业发展的金融服务难题。

3.5 本章小结

本章主要分析了种业发展的政策性金融服务、商业银行服务、多层次资本市场服务等一般方式，并且从产业链视角通过商业模式画布对种业发展金融服务的一般方式进行了评价比较分析，研究结论如下。

（1）种业具有基础性、战略性的重要产业地位，其公共性、公益性特征部分决定政策性金融在种业发展过程中发挥特殊重要性作用，通过政策性金融解决种业商业性金融不能或者不愿意投资介入的领域的金融支持，而引导机制、补充机制是重要机制保障。种业政策性引导基金模式是政府参与种业投资的重要手段，是随着种业改革发展的不断深入而产生的，既体现了现代种业产业发展的客观要求，也体现了国家对于种业投融资改革的客观要求。未来发展上，种业产业链不同环节、不同发展阶段、不同类型的种业主体，对政策性金融服务需求是不同的，要根据种业发展形势变化，适时调整政策性金融的重点、范围和方式。

（2）随着种业市场化改革的深入发展，种业投融资方式随之发生变化，商业银行对于种业产业链不同环节、不同类型主体的发展具有重要作用，种业商业银行服务的关键是信用机制的构建，通过信用等级评价机制、信用担保机制以及种业信用体系建设等三个方面来构建信用机制。提出了要培育发展种业供应链以及农产品供应链核心企业，促进各环节的协同，形成稳定、紧密的链条，不断创新种业乃至农产品供应链商业模式，发展核心企业主导种业供应链金融模式，能够有效缓解金融与种业之间的信息不完备、不对称、价值低等问题，促进金融服务转向种业生态圈乃至农业生态圈各类型主体。

（3）种业多层次资本市场体系服务种业产业链不同环节、不同类型主体的发展具有重要意义，本节提出的构建种业多层次市场调优（即转板）机制来保障种业多层次资本市场发展，为种子企业的进入与退出创造良好的渠道，实现资本市场资源的优化配置；并对种子企业利用风险投资融资模式进行了深入研究，认为风险投资是一种集融资与投资于一体、汇资本供应与管理咨询于一身的创新性融资模式，在解决种子企业的融资活动中不仅能够提供资金与增值服务，而且有利于引导社会资金和关联产业资金进入种业。同时，主板、创业板、中小板、新三板等发展为风险资本退出拓展了渠道。

（4）将商业管理理论中的商业模式画布方法引入种业政策性金融、商业银行、多层次资本市场等金融服务分析，对政策性金融、商业银行、多层次资本市场三种方式在价值主张、渠道通道、客户细分、收入来源、核心资源、关键业务、重要合作、成本结构等 9 个重要方面进行分析，为从产业链视角综合比较各方式的优势与局限性提供一种可操作的工具，为异质性种业公司选择适合自身的金融服务模式提供参考，给出了信用担保机制作为一种增信机制对银行、种子企业、信用担保机构进行帕累托改进的条件，增强社会对信用担保机制的认识。在比较分析一般金融服务方式的基础上，从种业产业链发展演化特征及其金融需求出发，开拓创新性的商业模式来解决种业发展的金融服务问题。

第四章

种业上游的金融服务模式：
知识产权资本化视角

本书第三章主要分析了种业发展金融服务的一般方式以及针对种业产业链不同环节金融服务上的优势及局限性。随着种业市场化改革的推进，种业产业链全链条金融需求日益扩大。在接下来的第四章、第五章和第六章将针对我国种业产业链不同环节、不同类型的主体特征与金融需求差异，研究处于种子产业链不同环节、不同类型主体的金融服务问题。众所周知，种业产业链上游主体的核心业务是品种研发创新，其知识产权等无形资产占比较大，风险承担主体是其自身，风险承担能力不足，但融资等金融需求大。那么，如何利用其拥有的种业知识产权实现金融产品创新，是种业上游主体金融服务所面临的关键问题。因此，我们提出知识产权资本化视角下研究种业上游的金融服务模式问题。本章主要分析了种业知识产权资本化内涵与我国种业知识产权发展的现状特征，充分考虑到种业知识产权的多维度信息，构建种业知识产权价值评价指标体系，为其资本化提供可借鉴的定价依据，然后讨论了完全市场和不完全市场种业知识产权定价问题，并从基本内涵、原理、结构设计、运作流程等方面探讨了种业知识产权资本化应用模式即种业知识产权质押融资模式和证券化融资模式，并讨论了金融机构向种子企业进行抵押贷款的决策，将其从外生风险敞口扩展到简单的内生风险敞口模型，最后以顺鑫农科案例作为可参考的方案（见图4-1）。

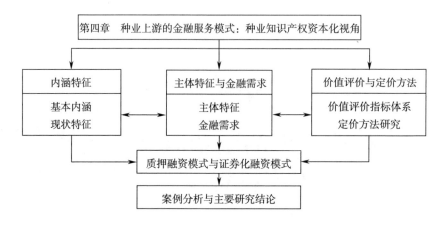

图 4 – 1　本章研究思路及主要内容

4.1　种业知识产权资本化的内涵特征

4.1.1　种业知识产权资本化的基本内涵

种业知识产权符合资本价值增值性的本质特征，可以作为投资转化为产业资本。本书借鉴知识产权资本化的概念，给出种业知识产权资本化定义为：充分重视并利用种业知识产权这一核心资源，对其价值进行科学有效评估，实现种业知识产权价值与金融资本的有效转换。其条件包括权利主体的合法性、种业知识产权价值的可评估性、未来（一定期间内）获利的可能性等，属于一种新兴的资本运营方式，是种业知识产权筹集资本的高级形式，也是种业知识产权利用和转化的重要途径。

在本研究中，种业知识产权资本化应用主要包括知识产权作价入股、知识产权质押融资、知识产权证券化等模式。由于种业产业链环节主体的差异，以及各类组织所处的不同发展阶段和知识产权转化阶段不同，如果把差异化的种业知识产权具体应用模式禁锢在具体的某一种框架下，可能导致截然相反的结果。为此，科学解析种业知识产权资本化，在对其进行科学价值评估与定价方法研究的基础上，从理论和实践上探索知识产权资本化应用模式显得尤为重要。

4.1.2　我国种业知识产权的发展特征

我国种业知识产权基础好且发展速度较快，已成为种业发展的核心竞争力。国家《农业知识产权战略纲要》（2010—2020 年）指出，种业的专利技术、品种权是我国种业知识产权的主要形式，也是种子企业核心竞争力的关键所在。2015 年，我国公开种业专利申请 6 428 件，与 2014 年相比增加了 1 457 件，增长幅度达 29.31%。我国授权种业专利 3 743 件，我国农作物品种权申请量为 2 069 件，年度申请量在 UPOV 各成员中位居第二位，农业植物品种权授权量为 1 413 件，同比增长 71%，创历史新高。2015 年通过国家审定的主要农作物品种 142 个。截至 2015 年底，我国作物种质资源数量已经达到近 470 000 份，已经成为世界上第二大作物种质保存国。近三年来种业主要知识产权申请和授权情况见表 4 - 1。

表 4 - 1　　　　　　　　我国种业主要知识产权发展情况

种业知识产权		2013	2014	2015
种业专利（件）	申请	3 121	4 971	6 428
	授权	4 672	4 624	3 743
植物新品种权（件）	申请	1 333	1 772	2 069
	授权	138	827	1 413
审定新品种（件）	国审	133	140	142
	省审	1 372	1 471	1 477

资料来源：2014 年、2015 年和 2016 年中国种业发展报告。

种业知识产权已成为种业发展的核心竞争力。在宏观方面，种业知识产权已经成为种业创新发展的核心要素、提升国际竞争的有力武器以及占领拥有种质资源的重要手段；在微观方面，种业知识产权是激励种子企业提高创新能力、提升竞争优势、促进转型升级以及实现现代化的有效方式。

种业知识产权资本化发展具备了有利政策条件支撑。知识产权资本化是经济全球化和知识经济发展的客观要求，也是现代知识产权改革发展的必然趋势。知识产权资本化主要包括知识产权出资与证券化，既可以实现金融产品创新，又可以促进金融服务模式创新。为提升知识产权保护和知识产权高效运用水平，继 2015 年《国务院关于新形势下加快知识产权强国建设的若干意见》（国发〔2015〕71 号）之后，2016 年底国务院下发了《"十三五"国家知识产权保护和运用规划》（国发〔2016〕86 号），明确提出要深化知识产权领域改革，严格知识产权保护环境，完善"知识产权＋金融"服务机制。只有打通知识产权创造、运用、保护、管理、金融服务全链条，才能促进科技创新成果实现资本化，促使无形资产变为有形资金。这些政策为种业产业链上游研发型种子企业知识产权资本化提供了政策依据。具体的种业知识产权保护和运用主要指标见表 4 - 2。

表 4 - 2　　　　　　"十三五"知识产权保护和运用主要指标

指标	2015 年	2020 年	累计增加值	属性
每万人口发明专利拥有量（件）	6.3	12	5.7	预期性
植物新品种申请总量（万件）	1.7	2.5	0.8	预期性
全国作品登记数量（万件）	135	220	85	预期性
年度知识产权质押融资金额（亿元）	750	1 800	1 050	预期性
知识产权使用费出口额（亿美元）	44.4	100	55.6	预期性
知识产权保护社会满意度（分）	70	80	10	预期性

资料来源：知识产权使用费出口额为五年累计值；来源于"十三五"国家知识产权保护和运用规划。

4.1.3　种业知识产权资本化的必要性分析

种业知识产权资本化是金融资本和种业知识产权资本相互选择、相互融合的协同发展过程，从而实现最大价值回报的目标，种业发展的金融服务模式创新需要通过种业知识产权资本化实现。其协同效应见图 4 - 2。

种业知识产权资本化将知识产权的价值实现与收益过程持续化、稳定化和最大化，有助于激励研发创新、提高种业科技创新的效率。在种业知识产权资本化的过程中，能够实现风险和利益的合理调配，有助于提高收益水平，实现价值最大化，也有助于增强种业企业经营管理的科学性、优化资源配置；通过种业知识产权资本化能够增加种业市场的竞争性，有利于资方结合自己的实力以及掌握的资料进行审时度势的投资与有效的监督，利用种业知识产权资本化还能够促进农业发展方式的转变，加快种业科技

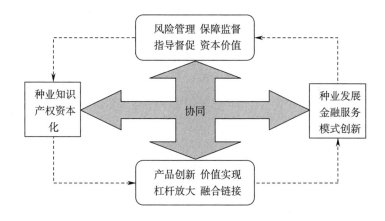

图 4 - 2　种业知识产权资本化与种业发展金融服务模式创新的协同效应

成果商业化进程，促进农业经济增长中的科技贡献率得以提升，实现农业现代化。

种业知识产权资本化能够发挥知识产权的杠杆作用，促进种业知识产权价值实现，是实现我国种业发展壮大、提高国际竞争力的有效途径。作为种业产业链上的重要一环，种业知识产权资本化是我国种业实现可持续发展，提高产业竞争力的重要途径。保护国内种业知识产权和提升我国种业知识产权的国际竞争力离不开资本化，应对开放环境下的我国种业产业发展面临激烈的国际竞争也离不开资本化。近年来，尽管种业企业的集中度有所增强，研发创新能力也有很大的提升，但相比于国外种业企业的发展，我国种业企业发展还较慢，种业危机没有从根本上得以化解（陆福兴，2016）。国内种业市场不断被国外种业企业占据，跨国种业企业在我国种子市场份额不断增加的背后是强大的研发能力及规模化研发效率（张宁宁，2015）。种业研发投入多但收益较慢。我国每年经过国家和省级审定的各类农作物品种有上千种，其中许多成果并不能在短时间内完成市场转化。种业发展面临的资金缺口，可通过知识产权资本化获得足够资金支持，产生的经济效益、社会效益和生态效益将会非常大。

4.1.4　种业知识产权资本化的动力分析

种业上游研发型种子企业创新发展的动力。与传统企业经营活动相比，种业下游种子研发企业属于典型的高新技术行业，维持新技术和新产品的持续开发需要大量资金投入。其中的研发经费投入占企业全部投入的比重远高于普通企业。但是，产生的科技成果的流动性远远低于投入的研发投经费，为促进种业企业的研发投入增加，加快企业的成长进程，无论企业处于种子期、初创期、成长期还是成熟期，均有动力将其拥有的知识产权进行资本化（尚进，2009）。具体的种业上游主体的动力机制可以概括为以下几个方面：首先，对种业企业来说，种子知识产权证券化有利于其知识产权价值的实现，获得相应的价值回报，也为种业企业发展融资提供了更好的渠道。其次，种子知识产权证券化有利于其结构的优化设计和信用级别的提升，而信用级别的提升意味着其融资成本的降低，从而使种业企业获得最大化的种业知识产权价值。最后，种业知识产权证券化有利于激励种业企业加大对种业知识产权的挖掘力度，加大品种研发资金的投入，从而创新研发出新品种。

各类投资主体的利益驱动。实际上，我国目前金融市场并不缺少投资资金，恰恰相反的是，具有投资价值和前景的投资标的是当前投资市场最缺乏的。因此，种业知识产权证券化有利于更多具有投资潜力和前景的标的进入投资市场，促进金融发展。具体从三个方面进行分析：一是种业知识产权作为证券的信用基础，很大程度上隔离了各种经营风险，同时通过信用增级和资产优化组合等手段，更有利于减少其证券风险；二是将种业知识产权证券化也给了市场自由投资者较好的投资机会，并给予其相对稳定和安全的回报，既有利于种业企业的发展，也有利于活跃金融市场，同时不同的投资组合有利于证券金融风险的分散；三是种业知识产权证券化后可以通过不同的结构设计方式使证券的收益—风险结构多样化，满足市场投资者对不同证券投资多样化的需求，广泛吸收各种社会投资，实现不同知识产权证券和金融资本的最佳结合，从而推动知识产权证券化的健康发展。

各类市场中介的动力。从当前市场环境看，种业知识产权证券化所需的各种中介机构较为完善，并初步形成规模，这些中介机构积极开拓市场，尤其是对于种业知识产权这种新型业务市场来说，抢占市场先机往往就是获得市场竞争优势，在市场开拓和发展中占领主导地位，因此，推动种业知识产权证券化发展对市场中介机构来说既是其保持其目前市场份额的需要，也是其长远发展的必然选择，各类市场中介是非常积极的。

4.2　种业上游主体特征与金融需求分析

4.2.1　种业产业链上游主体特征

种业是典型的高科技产业，具有高附加值、研发周期长、风险大、高资本投入以及显著的社会性等特点。就市场主导、种子企业主体的商业化育种体系而言，种业上游主体主要是研发型种子企业，其自身是风险承担主体，其核心业务是品种选育与种子研发创新。具体而言，在种业产业链上游品种选育环节，品种创新研发依赖于传统育种技术与现代生物育种技术相结合并且向现代生物育种技术发展的趋势明显，种子品种创新研发周期长、资本投入大且需要特别重视知识产权利用与保护以及具有明显的区域局限性等特征。种业产业链上游研发型种子企业的显著特征是知识产权等无形资产在其资产结构中占比大。因此，种业上游研发型种子企业无论通过自身创新发展，还是通过并购重组整合提高自身竞争力，在新品种选育、新品种研发等方面都需要大量资金投入，都需要与之主体风险特征和金融需求相匹配的金融服务模式。

4.2.2　种业产业链上游主体金融需求

种业是现代农业的核心，种业发展的每个阶段、每个环节都需要大量资金，尤其现代种业又是一个具有科技含量高、附加值高、资本投入高、周期长等特点的行业，维持长期、稳定、可持续发展，背后需要金融的流动性供给、激励约束、价值发现、风险管理、产业链优化等功能性保障。种业上游研发型种子企业融资等金融需求规模大，根据对典型种子企业的问卷调查我们发现：在年资金需求规模方面，种业产业链上游研发型种子企业的年资金需求规模在 5 000 万元以上，在资金期限上是需要大量的长期资金投入，融资需求的重点是进行研发体系及研发平台建设，以完善传统育种能力，提升生物育种技术水平和升级品种测试体系。此外，现代育种研发装备更新、育种研发人才团队建设、育种基地建设等均需要大量的中长期资金投入。

种业产业链上游主体的核心业务是育种研发创新，其知识产权等无形资产占比大是典型特征，其风险承担主体是其自身，风险承担能力不足。尽管种子知识产权作为研发型种子企业的无形资产在企业资产构成中占比大，但商业银行贷款坚持以"收益""风险"与"流动性"相匹配的基本原则，种子品种权作为融资抵质押物，还存在评估机构短缺、价值评估复杂、缺乏科学的评价指标体系和评价方法、一般评估价值偏低、发展前景难以预测等诸多影响因素，还很难给种业上游研发型种子企业带来有效的资金供给，还未能真正发挥其主导作用。因此，如何通过种业知识产权资本化实现金融产品的创新是种业产业链上游主体金融服务模式创新的重点。

4.3　种业知识产权价值评估指标体系构建

4.3.1　种业知识产权价值评估的内涵与意义

知识产权资本化要求具备两个前提：一是知识产权能够带来现金流。二是知识产权价值能够被评估，能够实现定价。种业知识产权评估是种业知识产权出资、融资、风险投资和进入市场交易等的前提。需要经过第三方组织做出科学系统的专业评估，以体现其公允的市场价值，同时也有助于提高交易双方的相互信任程度。种业知识产权属于特殊的无形资产，难以通过评价一般固定资产的方法进行评估，我国目前缺少科学、有效、系统且具有可操作性的种业知识产权价值评估体系。

目前，在种业知识产权方面的研究侧重于种业知识产权保护层面的研究，而对于种业知识产权价值评估的研究尚不多见，陈艳娟（2013）研究了种业知识产权战略问题，利用预期收益和折现率的方法建立了种业知识产权价值评估模型，对种业知识产权价值评估提供了有益借鉴。在通常的理论研究上，种业知识产权除了具有一般知识产权的专有性、地域性、时间性、无形性、可复制性等特征，还具有价值标准、风险不确定性等特点，在评估上一般很难直接准确地评估其实际价值、具有特定的经济寿命周期、受市场供求状况等影响。另外，种业知识产权具有一定的经济寿命周期，科技进步使得价值波动较快，产权评估的标准及规则不健全造成了种业知识产权价值不易确定（姚秀壮，2016）。为此，建立一套科学的价值评估体系是开展种业知识产权资本化的前提。一般地，要实现对种业知识产权价值的全面动态评估，就需要建立一整套合理的种业知识产权评估指标体系，而知识产权价值评估指标通常分为两类：定量评估指标与定性评估指标。

4.3.2　种业知识产权价值评估指标体系的构建原则

总体来说，建立一整套合理的种业知识产权价值评估指标体系有利于对种业知识产权价值做出全面、动态、科学的评估，有利于为种业知识产权价值评估的实践操作提供便利。这就要求在建立种业知识产权价值评估指标体系时要遵循一定的基本原则，具体如下。

科学性与数据可得性相结合原则。这主要是指在对种业知识产权进行资本化时要考虑其自身的特殊性和多样性。评估指标体系的构建不仅要有利于满足评估对象的要求，也要做到能对知识产权的真实价值进行正确、客观的反映，还要具备良好的实用性。虽然指标的类型和层次不同，但指标数据的获得必须是通过第一手资料或一定的数据处理方式实现，只有这样才能保证评估的科学性。

系统性与层次性相结合原则。这里主要是指在进行评估时，应该着重于对种业知识产权价值的整体进行评估，不能片面地从某一个方面进行评估，同时对影响种业知识产权评估的各个方面因素进行全面分析，根据不同因素的重要性，合理设定不同因素在评估中的比重和层级，综合、全面地反映种业知识产权不同方面的价值。

定性与定量指标相结合原则。这里主要是指在对种业知识产权价值进行评估时要综合运用定性评估和定量评估的长处，既能做到利用定量指标便捷清晰地反映出效果的好坏，又能保证用定性指标衡量来弥补定量分析的不足，从而保证对种业知识产权价值的评估客观性、全面性。

值得注意的是，建立的种业知识产权价值评估指标体系是否合理还要注意指标设置数量的多少，如果指标设置太少，既难以全面地反映种业知识产权价值，又容易增加人为因素的控制导致评估失真的机会；如果指标设置太多，在增加评估难度的同时也不利于提升评估的可操作性。因此，合适的评估指标数量对建立一整套合理的种业知识产权价值评估体系非常重要。

4.3.3　种业知识产权价值评估指标体系构建

（1）种业知识产权评估指标权重的确定

一般来说，确定种业知识产权价值评估指标权重方法包括以下几种：一是层次分析法（AHP），二是模糊综合评价，三是数据包络分析法，四是因子分析法，五是其他方法。这些方法各有其长处和不足，可以在实际中综合、灵活运用。在实际评估中，由于种业知识产权评估自身的特点，通常在确定知识产权评估指标权重时采用层次分析法。

在确定了知识产权评估指标权重方法后，如何确定不同知识产权价值评估指标的权重就是接下来需要解决的问题了。本文采用调查问卷9级打分法，即通过向相关行业专家发放问卷，对各评估指标权重实行不同等级的打分，然后进行数据分析最终确定不同指标的权重。表4-3所示为9级打分法所用的1-9标度。

表4-3　　　　　　　　　　　　Saaty 1-9标度含义

量化值	与标准相比较
1	同等重要
3	稍微重要
5	比较重要
7	十分重要
9	绝对重要
2、4、6、8	上述评价值的中间值
倒数	$F_{ij} = 1/F_{ij}$

注：$F_{ij} = C_i/C_j$，如果 C_j 比 C_i 重要，则取 F_{ij} 的倒数，即 $1/F_{ij}$。

（2）种业知识产权价值评估指标体系构建

目前涉及知识产权价值评估的方法和模型主要是借鉴资产评估方法，其中包括成本法、市场法、收益法、实物期权定价法、劳动价值论模型、效益分成模型和期权价格模型等。应当看到，不同的价值评估方法与模型具有特定的适用范围，然而这些价值评估的方法和模型没有考虑知识产权的现实情况，因此，在实践中难以很好地实践（苏任刚、王炜，2013）。以质押贷款为例，种业知识产权质押是需要种业企业和金融机构共同面对的问题，种业企业用知识产权质押贷款时关心的是贷款金额能否达到期望的资金需求，如果能够达到需求，即使贷款金额低于种业知识产权的相应真实价值也在接受范围之内。与此相对应的是，金融机构贷款决策所考虑的重点是风险—收益的匹配，只有在种业知识产权的抵押金额、种子企业的知识产权质押贷款违约风险和金融机构的收益在双方可接受的范围之内，质押贷款方能实现。为避免单纯考虑知识产权价值评估带来的弊端，此处我们先通过市场法对种业知识产权进行价值评估，然后在接下来的具体的种业知识产权资本化应用模式中同时考虑风险等其他因素。

按照种业知识产权价值评估的目标和原则，我们可以将价值评估指标体系分为三层：一是总目标层，这一层主要围绕评估总方向确定最终评估目标；二是准则层，主要是明确评估角度和内容，在此我们从技术层面、经济层面、市场层面、法律层面等四个方面十二个子指标对知识产权进行评估；三是指标层，主要是合理设置评估指标，使其能正确、客观反映其所属准则的特点和内容（陈静，2015）。表4－4即为种业知识产权价值评估体系。

表4－4　　　　　　　　　种业知识产权价值评估体系

目标层	准则层	指标层
种业知识产权价值评估指数 A	1.1　技术评估 B1	品种成熟度 C1
		品种推广的难易程度 C2
		品种的垄断程度 C3
		品种的寿命 C4
	1.2　经济评估 B2	预期收益 C5
		品种知识产权形成成本 C6

续表

目标层	准则层	指标层
种业知识产权价值评估指数 A	1.3　市场评估 B3	市场供求状况 C7
		推广范围率 C8
		同类品种价格水平 C9
	1.4　法律评估 B4	权属完整性 C10
		使用期限 C11
		保护程度 C12

（3）种业知识产权价值评估指标体系权重的确定

为了科学地确定种业知识产权价值评价指标体系，我们选择了 15 位种业和知识产权评估方面的专家进行排序打分，采用改进的层次分析法确定重要性之比后进行一致性检验（见表 4-5），各系统判断矩阵的一致性指标 CI 和 CR 均小于 0.1，所以认为判断矩阵的一致性可以接受。通过计算，整个模型的权重（见表 4-6）。

表 4-5　　各系统判断矩阵的最大特征根 λ_{max}、一致性指标 CI、CR 值

判断系统	λ_{max}	CI	CR
$A-B$	4.0792	0.0792	0.0880
B_1-C_{1-4}	4.0574	0.0574	0.0638
B_3-C_{7-9}	3.0368	0.0368	0.0634
B_4-C_{10-12}	3.0325	0.0325	0.0531

注：因 B_2 对应的指标不超过 2 个，故不需要进行一致性检验。

表 4-6　　　　　　　　　种业知识产权价值评估指标权重

目标层	准则层	指标层
种业知识产权资本化价值评估指数 1.0000	1.1　技术评估 0.4749	品种成熟度 0.1455
		品种推广的难易程度 0.1291
		品种的垄断程度 0.1181
		品种的寿命 0.0822
	1.2　经济评估 0.1542	预期收益 0.1126
		品种知识产权形成成本 0.0415
	1.3　市场评估 0.2413	市场供求状况 0.1281
		推广范围率 0.0688
		同类品种价格水平 0.0445
	1.4　法律评估 0.1296	权属完整性 0.0332
		使用期限 0.0533
		保护程度 0.0432

（4）种业知识产权价值评估

种业知识产价值评估指数 $A = \sum S_i W_i$，S_i 表示其在第 i 项指标的得分，W_i 表示其权重。某项指标评分采用 5 级评分制，分别是做得很好 1 分，做得较好 0.75 分，做得一般 0.5 分，做得较差 0.25 分，做得很差 0 分。种业知识产权资本化价值评估指数 A 的分值范围为 0 – 1。我们根据得分将种业知识产权资本化价值分为五类，见表 4 – 7。

表 4 – 7　　　　　　　　　种业知识产权价值评估类型

序号	发展阶段	得分区间	种业知识产权资本化价值特征
1	卓越者	0.8 分以上	具备了很高的种业知识产权价值，种业创新发展卓越领导者
2	领先者	0.6～0.8 分	具备了较高的种业知识产权价值，是我国种业发展的先行者
3	追赶者	0.4～0.6 分	具备了一般的种业知识产权价值，是我国种业发展的追赶者
4	起步者	0.2～0.4 分	具备了较低的种业知识产权价值，与领先者和追赶者有较大差距
5	旁观者	0.2 分以下	完全不具备种业知识产权价值

4.4　种业知识产权资本化定价方法

对种业产业链上游主体的金融服务关键是种业知识产权定价问题，由于种业上游环节的主要业务是品种研发创新，上游主体所拥有的知识产权等无形资产占比较大。因此，种业知识产权的定价尤其重要。如果种业知识产权定价过高，需求会大幅下降。当需求下降幅度大于过高价格的效应，知识产权供给方的收益会下降，上游种业市场会萎靡。同样，种业知识产权定价过低也不利于上游种业的发展。当种业知识产权定价比较合理时，需求、供给方才能都获得相应合理收益，共同获利才能促进种业上游乃至整个种业可持续发展。

种业知识产权定价直接关系到金融服务的效果。由于种业知识产权定价影响着种业的发展，因此直接决定了对种业金融服务的效果，关系到金融机构的损益。无论对种业上游金融服务采取的是政策性金融、商业银行信贷，还是多层次资本市场方面的支持，种业知识产权的定价都是金融支持可持续发展的重要因素。

种业知识产权本质上是一种或有权益（Contingent Claim），即其收益在未来实现，取决于未来的各种状态，不确定性较大。譬如，研发或购买一种小麦种子技术，投入生产后在几个月后才能收获小麦。在这几个月期间，天气好坏、自然灾害发生频率和程度、人工照顾程度都因人、地、时间的不同而不同。一些地方的麦农可能今年收获 500 公斤/亩、去年收获 700 公斤/亩，另一些地方的麦农可能今年收获 400 公斤/亩、去年收获 1 000 公斤/亩。

作为一种或有权益的种业知识产权，其定价方法很多。本书在借鉴国内外相关研究的基础上，遵循从一般到特殊的思路，首先介绍定价的基本原理（净现值原理，Net Present Value Principle），然后考虑到种业知识产权的特点，给出完全市场和不完全市场下的定价方法，最后提供了模拟分析以供实践和进一步研究参考。

4.4.1　种业知识产权定价的设定

为了分析方便，我们给定一项种业知识产权，譬如小麦种业技术。为了简化分析，我们只考虑两期：时期 0（目前）、时期 1（未来）[①]。我们用 p、x 分别代表该技术在时期 0、1 时的价格。由于时期 1 是最后一期，x 也可以理解为技术在未来的收益实现，因此 p 是可以理解为该技术在目前的转让价格，可以表示为 $p(x)$。我们设定时期 1 有 $s=1$，2，$\cdots$，S 个状态。每个状态发生的客观概率 λ 为 λ_1，λ_2，$\cdots$，λ_S。这样，x 是一个随机变量，每个状态下的值[②]为 $x_1, x_2, \cdots, x_S$。x 其相对于概率 λ_1，λ_2，$\cdots$，λ_S 的预期写为 $E(x)$。

种业知识产权定价的基础：净现值原理。净现值指未来收益扣除成本后按一定折现率折现到目前的值。假定折现率为 ρ，那么未来收益[③] x 的净现值为 ρx。由于未来收益通常是不确定的，因此，未来收益净现值一般指

---

①　两期的设定很容易扩展到多期情形。

②　x_1，x_2，$\cdots$，x_S 的值可以通过相关测算或专家评估得到。

③　我们将其理解为在未来扣除各种成本之后的净收益。

其未来收益预期的净现值。种业知识产权定价的净现值原理是以其净现值为价格 p。对于上述设定中未来收益为 x 的种业知识产权，其价格可以表述为：

$$p(x) = \rho E(x) = \rho \sum_{s=1}^{S} \lambda_s x_s \qquad (4-1)$$

净现值定价原理是定价基础至少有两个方面的原因：（1）净现值原理的公式比较简单；（2）很多定价公式经过一定变化之后都可以写成净现值原理中的公式，扩展之处在于折现率的不同、概率的调整以及未来收益的调整。

尽管净现值定价原理是种业知识产权定价的基础，但其在实际使用中至少面临一些问题[①]：（1）客观概率 λ 一般是估计值，存在一定的估计困难，估计值因人而异，有时不容易得到供需双方都认可的价格；（2）折现率 r 的确定一般取决于定价者的角度，可能较少考虑市场因素的影响。

4.4.2　普通种业知识产权的定价：完全市场下的分析

对于很多从事普通种业技术服务的上游种业公司而言，它们面临的种业技术一般比较成熟，可以充分考虑种业市场上的价格数据来定价，这时可以考虑采用完全市场下的定价技术。

完全市场指一个市场上的未来任意状态下的任意收益都可以由其他已存在的收益的组合来实现。数学上讲，对于一个 S 状态的市场，它是完全的当且仅当市场上存在 S 个资产使得它们的未来收益 z_1，z_2，$\cdots$，z_S 相互独立，或者由收益向量便是的未来收益矩阵 Z 是满秩，其中：

$$Z = \begin{bmatrix} z_1(1) & \cdots & z_1(S) \\ & \ddots & \\ z_S(1) & \cdots & z_S(S) \end{bmatrix}$$

$z_i(s)$ 是第 i 个资产在未来第 s 个状态下的收益，S 维列向量 $[z_i(1),\cdots,z_i(S)]$ 表示第 i 个资产在未来每个状态下的收益。对于完全市场，通常情况下第 i 个资产未来收益向量 z_i 由第 i 个元素为 1、其余元素为 0 的 S 维列向量

[①] 关于定价净现值原理的更多讨论可以参考 Ross 等（2002）。

e_i^s（也称为阿罗证券，Arrow Security）表示。这样，Z 是一个单位矩阵。

阿罗证券价格 $p(s_i^s)$ 称为状态 i 的状态价格。已经证明（LeRoy and Werner，2014），完全市场存在唯一的状态价格 $q_1 = p(e_1^s)$，$\cdots$，$q_s = p(e_s^s)$ 使得线性定价法则成立：任意未来收益 x 的目前价格可以表述为

$$p(x) = \sum_{s=1}^{S} q_s x(s) \tag{4-2}$$

这样，种业知识产权的价格可由（4-2）求得。

给定种业知识产权未来收益 x 后，使用（4-2）的关键在于如何确定状态价格 q_1，$\cdots$，q_S。在确定未来状态的数量 S 下，如下是一个可行的方法：

第一步：找到市场上 S 个已知价格、已知未来每个状态下收益①的种业知识产权。第 i 个种业知识产权的价格为 p_i，未来收益向量为 S 维列向量 z_i。要求收益向量 z_1，$\cdots$，z_s 是独立的。将 z_i 转置后按列排序构造 $S \times S$ 维矩阵 Z，将 p_i 按列排序得到 S 维列向量 P。矩阵 Z 是满秩的（由于市场假定是完全的，这样矩阵 Z、P 是存在的）。

第二步：由线性定价法则（4-2）有 $Zq = P$，q 为第 1 到第 S 个状态价格排成的 S 维列向量。由于 Z 满秩，因此 Z 的逆 Z^{-1} 存在且唯一。这样，$q = Z^{-1}P$ 可唯一确定。

第三步：计算资产组合 $h = (h_1, h_2, \cdots, h_S)$ 使得 $x = hZ$。

第四步：由线性定价法则（4-2），给定未来收益 x 的种业知识产权的目前价格为 $p(x) = hZq = (hZ)q' = xq'$，即状态价格向量和未来收益向量的内积。

相比较净现值定价原理，完全市场下的线性定价法则具有至少两个特点：（1）通过状态价格求解未来收益的目前价格不需要知道未来每个状态的客观概率；（2）状态价格寻找充分利用了市场信息，使得未来收益定价更容易被市场接受。

虽然完全市场要求知道所有状态下满秩收益矩阵已知比较苛刻，但对于普通种业知识产权，如果其未来收益和价格数据比较丰富，完全市场下

---

① 通常对数据采用各种方法进行估计获得。

的线性定价法则不失为种业知识产权定价的一种逼近参考。

4.4.3　特殊种业知识产权的定价：不完全市场下的分析

通常市场是不完全的，这对特殊种业知识产权市场，或者是种业创新技术的知识产权尤其如此。对于那些创新性较强的种业技术研发，它们可能成功地研发出更先进的技术从而在未来获得更多收益，或者研发失败从而比传统技术付出更多成本、但毫无未来收益。因此，对相当多的种业技术知识产权必须采取不完全市场下的定价法则。

相对于完全市场，不完全市场指市场上存在至少一个资产，其未来收益向量不能由别的资产的未来收益向量的线性组合来表示。不完全市场的一个典型特征是存在不可交易资产，该资产由于不可交易显然其未来收益向量不等于其他资产未来收益向量的线性组合。处于创新阶段的种业技术、面临其他种业技术（知识产权）竞争的种业知识产权也表现出很大程度的不可交易性。

不完全市场的一个重要特征是状态价格可能不存在或者存在但不唯一。在不完全市场中，（4－2）中的未来收益矩阵 Z 存在线性相关的行向量，Z 的秩小于 S。由线性代数的基本运算有：满足（4－2）解的 q 组成的线性空间的维度大于 1 且小于 S。其意义是：不完全市场中有些状态价格不存在，并且存在的状态价格不唯一，即对于第 i 个状态，存在对应的状态价格 q_i 和 q'_i，$q_i \neq q'_i$。

因此，采用完全市场定价方法对不完全市场中的收益定价存在多个价格。此时，到底选择哪个价格取决于一系列因素：（1）如果交易双方都认可某个价格，那么这个价格可以让双方达成交易；（2）如果交易双方认可不同的价格，那么交易的实现依赖于双方的谈判或议价能力。

尽管不完全市场下的定价可能不唯一，研究人员还是贡献了很多方法得到唯一定价（Staum，2008）。我们将其中的效用无差异定价（Utility In-difference Pricing，Henderson 和 Hobson，2009）方法引入对种业知识产权的应用。出于简化分析，我们仅从种业知识产权的需求方（即购买方）角度考虑定价[①]。

给定知识产权的未来收益为 x，它可能被市场已有的其他种业知识产权的未来收益的线性组合表示，也可能不能被任意市场已有的其他种业知识产权的未来收益的线性组合表示。假设需求方的效用函数为 $U(.)$，满足通常条件，即一阶导数严格大于 0，二阶导数严格小于 0。通过和 x 无关的交易，需求方未来的财富 W 依赖于其初始财富 w，我们用 $W = g(w)$ 表示。定义 $V(w, x)$ 为：

$$V(w,x) = \sup_{W \in g(w)} E(U(W + x)) \tag{4-3}$$

表示需求方在期初买进该种业知识产权后的最大预期收益。$x = 0$ 意味着需求方在不购买该种业知识产权情形下所能达到的最大预期收益。

效用无差异定价的思想是：从需求方的初始财富拿出最多的值来购买这份种业知识产权后能实现的最大预期收益和他不够买这份种业知识产权所能实现的最大预期收益相等，此时初始财富拿走的最多的值为这份种业知识产权的价格。从数学上，效用无差异定价下 x 的价格 $p(x)$ 为满足如下条件的值：

$$V(w - p(x),x) = V(w,0) \tag{4-4}$$

如果种业知识产权收益 x 和初始财务 w 与未来财富 W 无关，可以证明上述的价格 $p(x)$ 存在且唯一。

方程（4-4）的求解通常比较复杂，但我们可以用一些简单的设置来说明效用无差异定价的思路。假设市场存在一个可交易资产和不可交易资产，二者目前价格分别为 p_0^t、p_0^n，无风险收益率为 r。未来，可交易资产的收益有两个状态，分别为 $p_1^t = p_0^t \alpha_u$，$p_0^t \alpha_d$ 且 $0 < \alpha_d < 1 + r < \alpha_u$；不可交易资产的收益也有两个状态，分别为 $p_1^n = p_0^n \beta_u$，$p_0^n \beta_d$ 且 $\beta_u \neq \beta_d$。这样，市场总共存在如下 4 个状态（见表 4-8）。

---

① 从知识产权供给方角度的效用无差异定价分析与此类似。

表 4 – 8 时期 1 市场不同状态中资产的收益情形

状态	状态发生概率	可交易资产收益	不可交易资产收益	种业知识产权收益
1	λ_1	$p_0^t \alpha_u$	$p_0^n \beta_u$	$x(1)$
2	λ_2	$p_0^t \alpha_u$	$p_0^n \beta_d$	$x(2)$
3	λ_3	$p_0^t \alpha_d$	$p_0^n \beta_u$	$x(3)$
4	λ_4	$p_0^t \alpha_d$	$p_0^n \beta_d$	$x(4)$

由于市场存在 4 个状态，但只有 2 个资产，因此市场是不完全。

假设种业知识产权需求方的效用函数为负指数函数，即 $U(z) = -\dfrac{1}{\gamma} e^{-\gamma z}$。需求方未来财富函数为 $W = g(w) = (1+r)w + \theta(p_1^t - p_0^t(1+r))$，$\theta$ 为可交易资产的购买量①。则 $V(w,x)$ 可表示为：

$$V(w - p(x), x) = \sup_\theta E\left(-\frac{1}{\gamma} e^{-\gamma(g(w-p(x),\theta)+x)}\right) \qquad (4-5)$$

令 $A_1 = \lambda_1 e^{-\gamma x(1)} + \lambda_2 e^{-\gamma x(2)}$，$A_2 = \lambda_3 e^{-\gamma x(3)} + \lambda_4 e^{-\gamma x(4)}$，$q = \dfrac{1 + r - \alpha_d}{\alpha_u - (1+r)}$。则 (4-5) 式可简化为：

$$V(w - p(x), x) = \frac{-1}{\gamma} e^{-\gamma(1+r)(w-p(x))} \frac{(A_1)^q (A_2)^{1-q}}{q^q (1-q)^{1-q}}$$

令 $V(w - p(x), x) = V(w, 0)$ 可得效用无差异化定价为：

$$p(x) = \frac{1}{\gamma}\left(q\log \frac{\lambda_1 + \lambda_2}{\lambda_1 e^{-\gamma x(1)} + \lambda_2 e^{-\gamma x(2)}} + (1-q)\log \frac{\lambda_3 + \lambda_4}{\lambda_3 e^{-\gamma x(3)} + \lambda_4 e^{-\gamma x(4)}}\right)$$

$$(4-6)$$

在上述定价中，γ 是种业知识产权需求方效用函数中的参数，$\lambda = (\lambda_1, \lambda_2, \lambda_3, \lambda_4)'$ 是未来状态的客观概率，$x = (x(1), x(2), x(3), x(4))'$ 是种业知识产权未来各状态下的收益。因此，在不完全市场中，效用无差异化不仅与客观世界有关（λ，x），而且与决策者主观感觉（γ）有关。这主要与市场不完全性有关，此时别的决策者有可能不认可该价格。

4.4.4 种业知识产权定价的模拟分析

为了说明以上各方法在种业知识产权定价方面的应用，我们对如下几

---

① 由于不可交易资产不可交易，因此种业知识产权需求方的财富不能投资于不可交易资产。

个假想情形中种业知识产权未来收益 x 的目前定价进行模拟分析。假设市场未来有 4 个状态，每个状态发生的客观概率都为 1/4。该种业知识产权在状态 1、2、3、4 下的收益分别为 4、1、2、5。

首先考虑净现值原理定价。假设市场折现率 $\rho = 0.9$。由公式（4-1）可得该种业知识产权的目前价格为 $p(x) = 2.7$。

接下来考虑完全市场下的定价。假设可以找到市场上 4 个其他种业知识产权或资产，它们的收益矩阵为 $Z = \begin{pmatrix} 1 & 0 & 0 & 0 \\ 1 & 1 & 0 & 0 \\ 0 & 1 & 1 & 0 \\ 0 & 0 & 1 & 1 \end{pmatrix}$，相应的价格向量为

$P = \begin{pmatrix} 0.4 \\ 0.5 \\ 0.6 \\ 0.6 \end{pmatrix}$。由公式（4-2）可得状态价格向量 $q = Z^{-1}P = \begin{pmatrix} 0.4 \\ 0.1 \\ 0.5 \\ 0.1 \end{pmatrix}$。再次

运用公式（4-2）运算就可以得到该种业知识产权的价格为：$p(x) = x'q = 3.2$。

最后考虑不完全市场下的效用无差异化定价。假设种业知识产权需求方效用函数参数为 $\gamma = 0.2$，无风险利率为 $r = 0.06$[①]。可交易资产（或可交易种业知识产权）在时期 1 的第 1、3 个状态下收益参数为 $\alpha_u = 1.1$，在第 2、4 个状态下收益参数为 $\alpha_d = 0.95$[②]。由公式（4-6）可得价格为 $p(x) = 1.61$。

4.5　种业知识产权质押融资模式和证券化融资模式

从种业知识产权诞生开始，其有效的产业化运营就受到重视，种业产业链不同环节需要大量资金投入，对于种业产业链上游主体（主要是研发型种子企业）而言，种业知识产权在资产结构中占有很大比例，因此利用

---

① 无风险利率 0.06 比假设情形的净现值原理中折现率 0.9 隐含的收益率 0.11 要低。

② 可交易资产未来收益参数设置满足条件 $0 < \alpha_d < 1 + r < \alpha_u$。

知识产权资本化融资对于种业上游发展至关重要。可以利用的种业知识产权资本化融资方式很多，一方面，针对种业产业链环节特点采取不同的融资策略；另一方面，不同类型的种子企业其自身的资本结构、规模等不同，应该选择不同知识产权资本化的融资模式。但总体而言，如何将种子企业所拥有的知识产权价值实现并转化为发展所需要的资金至关重要，接下来将重点探讨种业知识产权质押融资模式和证券化融资模式，旨在解决种业上游研发型种子企业的金融难题。

4.5.1　种业知识产权质押融资模式

"十二五"期间，我国植物新品种申请量居世界第二位，知识产权质押融资额达到 3 289 亿元，年均增长 38%。2015 年，全国知识产权质押融资金额 750 亿元。国家下发了国务院关于新形势下加快知识产权强国建设的若干意见，明确了知识产权的保护和运用要求，"十三五"知识产权运用指标规划提出了到 2020 年知识产权质押融资金额 1 800 亿元目标，提出"知识产权 + 金融"的服务机制，推进知识产权质押融资，完善风险管理与补偿机制。种业知识产权是种业企业最重要的战略资源，发展种业知识产权质押融资模式，是加强种业知识产权运用的重要方式。前文已经分析了种业知识产权价值评级指标体系和种业知识产权定价的方法，接下来要讨论种业知识产权质押融资模式的具体应用，为实际应用提供可操作的解决方案。

（1）种业知识产权质押融资的内涵与类型

①种业知识产权质押融资的内涵

种业知识产权质押融资模式是种业商业银行服务的模式创新。综合众多学者的研究，本书所指的种业知识产权质押融资是以种业知识产权的未来收益权作为质押，从银行等金融机构获得信贷资金的模式。种业知识产权涵盖范围较广，根据知识产权质押标的的财产权和具有可交易性，此处的种业知识产权主要包括种业中的专利权和植物新品种权。

种业知识产权质押的主体包括所有参与质押融资业务的当事人，其中包括种业企业、价值评估机构、担保机构、知识产权交易中心、知识产权局、金融机构等。种业企业是资金的需求方，其信誉、经营水平、种业知识产权价值是融资能否实现的决定性因素。金融机构是资金的供给方，是知识产权质押融资过程中的绝对主导者。担保机构能够通过增信机制增加种业企业的信贷可得性。

②无政府参与和有政府参与的种业知识产权质押融资模式

种业产业链上游的研发型种子企业的核心业务是育种研发创新，资金对研发型种子企业的研发创新非常重要，但是这类种子企业用于质押融资的实物资产较少。种业知识产权质押融资在一定程度上破解了研发型种子企业的抵押担保难题。作为知识产权质押融资的一种，我国种业知识产权质押融资仍处于起步阶段，各地区仍在探索适合当地经济发展水平和区域经济特点的知识产权质押融资模式，形成了各具特色的成都模式、政府政策鼓励下的北京市场化模式、政府出资分担风险的上海浦东模式、政府补贴融资成本的海南模式、政府行政命令下的四川内江模式等（田洪媛，2013；李磊，2015；刘慧，2017）。综合各地知识产权质押融资模式，本书分别设计如图4-3和图4-4所示的无政府参与下的种业知识产权质押融资模式和由政府鼓励和分担风险下的种业知识产权质押融资模式。

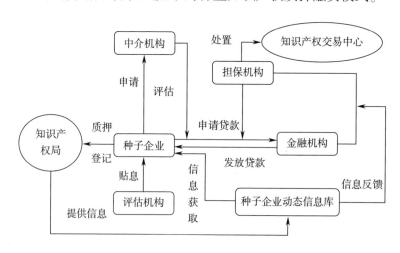

图4-3　无政府参与下的种业知识产权质押融资模式

知识产权资本化初始阶段，政府参与是各国政府一贯的做法。以日本为例，2002年日本政府确立"知识产权立国战略"后，随即开始知识产权

第四章 种业上游的金融服务模式：知识产权资本化视角 111

产业化运作，并最先对生物领域的企业拥有的专利实施资本化。在具体实施过程中，最先由政府策划并出资设立载体公司，负责参与知识产权质押融资。

对比分析图4-3和图4-4中无政府参与和有政府参与下的种业知识产权质押融资模式，两者之间最突出的区别表现为政府对种子企业的补贴以及由政府出资入股成立种业发展基金。政府参与的理论依据是种业产业在我国农业发展中的战略性基础地位以及我国政府针对国际种业市场激烈竞争大环境所出台的种业产业政策。根据国际贸易中的幼稚产业保护理论，在经济全球化迅猛发展的今天，与国外已经成熟的种业产业相比，我国种业产业仍处于转型阶段，许多商业育种企业仍处于初创和成长期，难以与国际种业巨头同台竞争。通过政府成立种业发展基金，对种业企业融资实施补贴，并辅之以其他国际贸易政策和种业产业政策，有助于加速我国种子企业做强做大和种业竞争力的提高。

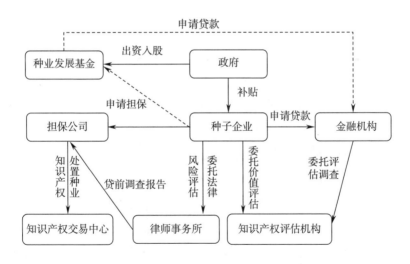

图4-4 政府参与下的种业知识产权质押融资模式

（2）种业知识产权质押融资信贷合约的确定

前文对种业知识产权价值评估进行了研究，种业知识产权质押融资的另一个重要问题是质押率的确定，对于种子企业而言，直接决定其融资规模，对于银行金融机构而言，自身承担风险敞口的设置决定其贷款是否开展信贷业务，下面将以种子品种权质押融资为例进行分析。

①模型假设和问题分析。种子企业提出质押贷款申请，银行首先要开展品种权价值评估，并委托专业评估机构对种子品种权市场的流动性进行评估后出具专业意见供银行参考。银行在自身承担一定风险敞口的同时，会要求提供担保等分散一定的风险敞口。在品种权质押贷款的信贷合约设计中，贷款要素、风险因素、担保机构和银行各自承担的风险敞口、种子企业信贷违约的概率等。现作如下定义：

第一，种子企业品种权评估价值为 X 万元，如果商业银行对种子企业的信贷资金额度 Y 万元，那么，这笔贷款的质押率则为 W，因此：

$$W = \frac{Y}{X} \tag{4-7}$$

第二，如果这笔贷款的期限为 T，执行的定价为 r，在这笔贷款过程中，商业银行可以选择对定价进行上浮，如果按照档期的存款利率为 r_0，则这笔贷款的收益为 Z，因此有：

$$Z = Y(e^{rT} - 1) \tag{4-8}$$

第三，该种子企业品种权在知识产权交易市场的流动性风险为 l，种子品种权交易成本为其专业技术价值的 c 倍，那么种子品种权变现后的价值为 K：

$$K = X(1 - l - c)(l \leqslant 1, c > 0) \tag{4-9}$$

第四，在这比信贷业务过程中，如果信用担保机构所承担的风险敞口为 a，而商业银行所担负的风险敞口为 b，则：

$$a + b = 1(0 \leqslant a \leqslant 1, 0 \leqslant b \leqslant 1) \tag{4-10}$$

第五，种子企业信贷违约概率为 p，该笔贷款的期望收益为：

$$B = (1 - \rho)(Z + Y) + \rho \max(0, K) - Y \tag{4-11}$$

②质押率及信贷合约的相关参数设计。贷款契约签订之前，要确定该种业知识产权的价值、流动性风险和交易成本。

第一，当 $K \geqslant X$，即 $X(1 - l - c) \geqslant X$ 时，$-l \geqslant c$，推出 $l < 0$，表明种业知识产权的市场流动性非常好，其价值被低估了。在此银行信贷额度大小 Y 即为：

$$Y \leqslant K - Z \tag{4-12}$$

根据式（4-8）、式（4-9）可以推导出：

$$W = \frac{Y}{X} \leqslant \frac{1 - l - c}{e^{rT}} \qquad (4 - 13)$$

在此情形下，可以给予种子企业最大的信贷资金额度，即该笔贷款的质押率 $W = \frac{1 - l - c}{e^{rT}}$，$Y = X \times \frac{1 - l - c}{e^{rT}}$，而银行所担负的风险敞口 $b = 1$。

第二，当 $0 < K < X$，即 $X(1 - l - c) < X$ 时，$l + c < 1$，此时必须分析品种权变现后的价值 K 能否弥补银行遭受的损失。

a. $K \geqslant Z + YX$，根据式（4-8）和（4-9）推导出：

$$W = \frac{Y}{X} \leqslant \frac{1 - l - c}{e^{rT} - 1 - b} \qquad (4 - 14)$$

在这种情况下，品种权质押贷款风险可控，银行则可以根据自身承担的风险敞口来确定贷款的质押率。

b. $Y \times b \leqslant K < Z + Y \times b$，根据式（4-2）、式（4-3）可以推导出：

$$\frac{e^{rT} - 1 + b}{1 - l - c} < W = \frac{Y}{X} < \frac{1 - l - c}{b}, b > 0 \qquad (4 - 15)$$

在这种情况下，银行所承担的风险敞口受到流动性风险、交易成本等因素的影响。

c. $0 < K < Y \times b$，此时还必须考虑该种子企业的违约概率。假设这笔贷款的期望收益为 B，根据式（4-11）推导出：

$$B = (1 - \rho)Ye^{rT} + \rho X(1 - l - c) - Y \qquad (4 - 16)$$

当 $B > Y \times b$，根据式（4-7）、式（4-16）推导出：

$$\begin{cases} W \leqslant \dfrac{\rho \times (1 - l - c)}{b + 1 - (1 - \rho) \times e^{rT}}, b + 1 - (1 - \rho) \times e^{rT} > 0 \\ W \in R, R > 0, b + 1 - (1 - \rho) \times e^{rT} \leqslant 0 \end{cases} \qquad (4 - 17)$$

当 $B < Y < b$ 时，根据式（4-7）、式（4-16）推导出：

$$\begin{cases} W > \dfrac{\rho \times (1 - l - c)}{b + 1 - (1 - \rho) \times e^{rT}}, b + 1 - (1 - \rho) \times e^{rT} > 0 \\ W \text{无解}, b + 1 - (1 - \rho) \times e^{rT} \leqslant 0 \end{cases} \qquad (4 - 18)$$

第三，当 $K \leqslant 0$ 时，这种情况下，银行要综合测算该笔贷款的期望收益和违约概率，考虑银行承担的风险敞口，做出决策，进行相关信贷合约的设计。根据式（4-11），此时该笔贷款的期望收益为：

$$B = (1 - \rho) \times Y \times e^{rT} \qquad (4-19)$$

如果当该银行所担负的风险敞口大于进行这笔贷款的期望收益，即 $Y \times b > (1 - \rho) \times Y \times e^{rT}$ 时，得出 $b > (1 - \rho) \times e^{rT}$，银行不会签订贷款合约开展该笔业务。

如果当该银行所担负的风险敞口小于或等于开展这笔贷款的期望收益时，即 $Y \times b \leq (1 - \rho) \times Y \times e^{rT}$ 时，可以得出 $b \leq (1 - \rho) \times e^{rT}$，则该银行可以开展这笔贷款业务。此时签订信贷合约的关键则是该银行所要承担的风险敞口 b，所要确立银行风险敞口的公式为（韩钢，李随成，2012）：

$$B - Y \times b \geq Y \times e^{r_0 T} - 1 \qquad (4-20)$$

进而推导出：

$$b \leq e^{rT} - e^{r_0 T} - \rho \times e^{rT} + 1 \qquad (4-21)$$

③模型进一步的简单扩展。以上模型中，风险敞口系数 b 是外生给定的。在现实中，银行可能需要在决定最优质押率的同时决定最优风险敞口系数，即风险敞口系数是内生决定的。因此，一个扩展是将外生风险敞口系数推广到内生决定情形。

扩展之前回顾对风险敞口系数的回顾有助于我们更深刻理解模型背后的故事。在上述模型中，风险敞口系数 b 的含义是：当种子企业违约时，信用担保机构承担最多 $(1-b)$ 部分的违约责任。假设企业贷款额为 Y，$b = 0.7$，利息 $Z = 0.1Y$。在种子企业违约的情况下，如果清算价值 $K = 0.9Y$，那么信用担保机构向银行赔付 $0.2Y < (1 - 0.7)Y$，使得银行最终的收益为 $0.2Y + 0.9Y = 1.1Y$，银行收回全部贷款和利息；如果清算价值 $K = 0.6Y$，那么信用担保机构向银行赔付 $0.3Y = (1 - 0.7)Y$，使得银行最终收益 $0.6Y + 0.3Y = 0.9Y$，银行不能收回全部贷款和利息。为了方便进行分析，我们假设当清算价值 $K > Z + Y$ 时，种子企业不违约。

当贷款质押率和风险敞口系数同时内生决定时，银行的预期收益为

$$B = (1 - \rho)(Z + Y) + \rho \min(\max(0, K) + (1 - b)Y, Z + Y) - Y \qquad (4-22)$$

银行的决策是同时选择质押率 W 和风险敞口系数 b，使得上面的预期收益最大，约束条件是 b，W 为 $[0, 1]$ 区间上的实数。

由于需要同时最优化 W, b，上述问题的求解比原始模型复杂得多。我们考虑一个简单情形：种子企业价值严重低估，即 $1 - l - c > 1$。此时，我们有 $\max(0, K) + (1 - b)Y \geqslant Z + Y$。预期收益为 $B = Z = Xw(e^{rT} - 1)$。因此，$W = 1$ 和任意风险敞口系数都是最优的。其经济学含义是：即使风险敞口系数是内生决定的，如果种子企业价值严重低估，那么银行会选择 100% 的质押率和任意的风险敞口系数。

④分析结论及建议。一是种业知识产权质押贷款业务信贷合约的关键是质押率和风险敞口，即使风险敞口系数是内生决定的，如果种子企业价值严重低估，那么银行会选择 100% 的质押率和任意的风险敞口系数。因此，对种子品种权进行科学的价值评估是前提。二是在种业知识产权质押担保融资业务实践过程中，还需要必要的增信机制，如政府提供有效的信用担保等措施。三是有政府参与的质押融资更适合种业。同时，政府要加强种业知识产权保护，为种业知识产权质押融资模式的开展创造良好的环境生态。

4.5.2 种业知识产权证券化融资模式

（1）种业知识产权证券化的内涵与意义

①种业知识产权证券化融资的内涵

种业知识产权证券化是种业知识产权资本化应用模式之一。借鉴一般知识产权证券化理论，种业知识产权证券化是以种业知识产权为支撑，以证券融资理论为指导，结合理论与实务要求，将种业知识产权及其相关的特许使用权作为发行证券的基础，重构种业知识产权管理机构，构建与之相对应的资产池，提升信用等级，向投资者发售资产支持证券，用以实现融资的一种新型融资工具。通常来说，要实现知识产权证券化需要具备一定的条件，即资产产生现金流并且要有较好的稳定性、可预期性以及可控性，否则就难以利用它实现融资。

种业知识产权证券化实际上是金融资本和种业知识产权资本相互选择、相互结合的过程。其最大特点是能够在取得融资的同时，保留对知识产权的自主性，只是将知识产权等风险资产通过证券化实现转移，由专业的资产管理公司管理风险，而种子企业则可以更加专注于种业的科技创新。作为一种重要的金融创新，种业知识产权证券化不仅对于建设种业多层次金融市场、发展自主知识产权至关重要，而且为种业企业发展提供融资支持，对促进种业上游主体金融服务模式创新具有重要意义。

②种业知识产权证券化的意义

种业知识产权证券化扩大了融资对象，可以提高种子企业资产的流动性，种子企业通过知识产权证券化融资可以获得更加广泛的多元化融资渠道，充分发挥证券化融资良好的杠杆效用。证券化资金渠道较为多样，既可以是实力雄厚的机构投资者，也可以是分散市场个人投资者，融资来源非常广泛；而种业知识产权质押融资模式，资金来源比较单一，其主要来源为银行。

种业知识产权证券化融资具有周期性较长的特点，能够更好地为种业的发展提供中长期且稳定性好的资金支持。对于产业链上游研发型种子企业一般很难获得银行中长期贷款支持，而通过种业知识产权质押担保来获得的信贷资金期限主要以短期流动资金为主，不适合研发型种子企业的长期发展。种业知识产权证券化融资模式是以一定的未来预期收益为前提的，因此只要保证在收益期内的现金流稳定和可控，那么所有融资都会在收益期内获得相应的回报。

种业知识产权证券化融资有利于降低融资成本，减少和分散证券化风险，同时还可以促进金融机构业务多元化发展。实施种业知识产权证券化，对种子企业来说，其基础资产就是其拥有的知识产权未来收益，通过将这种知识产权未来收益的运作全权让渡给相关特定机构，种子企业就不需要承担其运营风险，更多的是将主要资源用于种子研发创新，它让渡的仅仅是知识产权未来收益的经营权。而质押融资则容易产生知识所有权发生变更的情形，这主要是因为一旦种子企业无力还贷，银行便可以将企业质押的知识产权通过拍卖变现，使质押的种子企业丧失对知识产权的所有权。

（2）种业知识产权证券化的基本原理

种业知识产权证券化的过程就是将金融资本引入种业知识产权开发从而获得最大价值回报的过程，是资产证券化深化发展的必然要求和选择。随着国内外资产证券化理论和实践探索的不断深入，其相关理论也得到较大发展，为种业知识产权证券化提供了良好的基础与指导。

资产重组理论。资产重组理论是指证券发行机构将打算证券化的资产通过特定的方式、手段等对其进行重新配置组合，使重新组合的资产产生更稳定、可观的现金流，使投资人获得相应的收益，减少投资风险。从收益分配的角度看，资产重组就是投资者、知识产权所有者和证券机构三方合力将知识产权未来收益最大化然后重新分配的过程。

风险隔离理论。资产证券化特有的标志性技术就是风险隔离，风险隔离理论的核心思想就是将证券化交易和知识产权未来收益原始持有人的破产分隔开来，这就使原始持有人不同于普通证券持有人。在普通融资中，如果融资方存在经营不善行为，甚至破产，也会导致普通证券持有人利益受损或破产，但在知识产权证券化过程中，其原始持有者让渡的仅仅只是知识产权的未来收益经营权，并没有质押其所有权，因此即使在运作过程中出现经营风险甚至导致破产，都不影响原始持有人对知识产权的所有权，这就是所谓的风险隔离。

信用增级原理。在发行证券前通过多种手段提升自身发行证券的信用级别，保证所有投资者的投资安全和较高的利息回报，以此增加对更多投资者的吸引力，包括内部信用增级和外部增级两种方式。

（3）种业知识证券化的结构设计

种业知识产权证券化融资从融资方式上来说是一种结构性融资，这种融资需要多方参与来共同完成，融资相关方构成一个相互联系、互为支持的共同整体，大致来说可以分成三方面：一是核心组织，二是服务对象，三是支持机构（见图4-5）。

首先，就核心组织而言，它是种业知识产权证券化融资所独有的特征。核心组织一般由两个部分构成，一是知识产权证券化公司，二是特殊目的机构。其中知识产权证券化公司的主要职责是建立资产池，这就需要将从不同知识产权所有者手中购买来的种业知识产权收益权进行优化组合，减小和合理控制证券风险。特殊目的机构的主要职责则是运作转让给自己的资产，发行债券并获得最大化的收益。

其次，就服务对象而言，种业知识产权证券化的服务对象主要包括两类：一类是种业知识产权的所有者，另一类是所有知识产权证券的投资者。这两类服务对象是知识产权证券资金的主要来源和流向所在，对知识产权证券化资金流转情况起着决定作用。

最后，就支持机构而言，种业知识产权证券离不开各种支持机构所提供的支持和服务。支持机构主要包括以下几种：一是保险公司或担保机构，其主要作用是通过担保为知识产权证券化信用增级以吸引更多的投资。二是服务机构，其主要作用是对知识产权进行管理并收取相关管理费。三是种业知识产权证券化的资金托管主体。四是发行商和承销商。五是信用评级机构。六是金融监管机构，主要负责保证知识产权证券化过程的规范、有序。

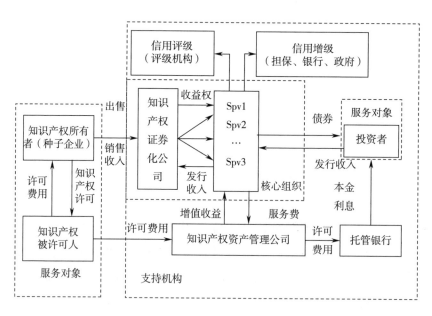

图 4 - 5　种业知识产权证券化组织模型

如上所述，风险隔离是知识产权证券化特有的标志性技术，以此为基础构建的种业知识产权证券化组织模型就具有了双层隔离的效果，具体来说：第一层风险隔离是在实施知识产权证券化过程中，知识产权证券化公司从知识产权原始持有人手中购买知识产权资产，而知识产权证券化公司具有独立的法人主体地位，就保证了购买的真实性。第二层风险隔离是知识产权证券化公司在进行特殊目的载体设置时会对其所购买的知识产权进行重组，建立风险对冲的资产池，并根据知识产权的不同设立不同的项目，有效隔离每一个项目之间的风险，也就大大降低了其破产的可能性。这种双重风险隔离机制对资产证券化公司后续开展的资产重组具有保障作用（李宁，2009）。

（4）种业知识产权证券化的运作流程

根据一般证券化基本原理，种业知识产权证券化主要包括四个阶段。每个阶段的主要内容见表4-9。

表4-9　　　　　　　　　　种业知识产权证券化运作流程

阶段	主要内容
真实销售阶段	主要是对资产进行出售，这样就实现了产权和融资的结合，同时也将知识产权所有人和基础资产所可能产生的风险进行了分隔
资产池的构建阶段	证券化公司购买基础资产之后，重新组合各种知识产权和现金流，建立组合知识产权资金池，保证产生低风险、高回报的现金流，从而使所有投资者获得相应的收益
证券的设计与发行阶段	证券化公司通过将资产池转让给特殊目的机构，从而实现知识产权证券化，使知识产权原始有人和基础资产能够进行风险和破产隔离；运用信用增级技术提高信用等级，从而吸引更多的投资者，获得更加广泛的融资；与证券商达成协议发行债券
证券发行后的管理与维护阶段	主要包括两个方面：一是有效管理知识产权的使用情况，避免知识产权的价值受到损失；二是根据规定从知识产权被许可方及时收取知识产权许可费，并交给相关的托管组织，给予所有的投资者和中介机构一定的收益

在知识产权证券化过程中，特殊目的机构具有独立的法人地位，其唯一目的是保证知识产权证券化各项工作顺利完成。与美国特殊目的机构一般由私营公司建立并负责相关职能不同的是，我国的知识产权证券化特殊目的机构一般由政府出面组建。这种方式的好处在于：首先，它有利于提升投资者对知识产权证券项目的投资信心。其次，它也有利于更好地将国家技术产业政策落得实处。在实际中可以由国家科技部和技术产权交易所共同组建特殊目的机构，坚持政府出资为主，同时广泛吸收民间资本的原则，推进各项知识产权证券化工作的完成。在地域的安排上，可以适当向种业优势品种区域倾斜，从而使知识产权相对集中，便于重新优化组合和设计，更好地实现风险对冲。除此之外，日本等国家也主张由政府建立特

殊目的机构，统一对各种不同知识产权进行采购，再实施证券化，这对我国知识产权证券化发展也具有一定的借鉴作用。

由于知识产权证券化有自身的特殊性，因此在安排其信用增级机构时最佳的方式是"两结合"，即内外部信用增级相结合和政商信用增加相结合。

4.5.3　种业知识产权质押融资模式与证券化融资模式比较分析

种业知识产权证券化和质押融资模式共同起到了推动我国种业知识产权资本化发展的重要作用，两种融资模式具有相同之处，同时也存在差异性，对二者比较分析如下。

（1）相同点分析

①政府部门的参与度均比较高

与国外相比，我国社会信用体系基础薄弱，多层次资本市场还处于起步阶段，需要政府给予足够的支持和指导。与其他类型的知识产权资本化相比，我国种业知识产权资本化发展时间更短，再加上种业在我国农业现代化过程中的战略性基础地位，迫切需要政府的积极参与和必要支持。根据政府部门在企业融资交易结构中的参与程度，可以将知识产权资本化模式划分为政府主导型、市场主导型和混合型三种。在种业知识产权证券化和质押融资中，我国多采用政府主导型和混合型两种模式。在此模式下，政府可以及时解决种业知识产权证券化过程中出现的各种问题，调节不完善方面以及市场不能够调节的矛盾。可以预期，随着种业知识产权资本化应用模式的不断成熟，相应地种业企业的现实需求将会诞生越来越多的知识产权资本化模式，同时政府的身份在此过程中渐渐后退，逐渐过渡为市场导向型知识产权资本化模式。

②两者同属于外源性融资方式

传统企业融资理论把企业资本分为内源性资本和外源性资本。内源性融资渠道包括自筹资金、留存收益、天使投资等，外源性融资是企业在运营过程中通过各种渠道从资本市场中的其他主体处筹得资金，融资渠道包括政府扶持资金、风险投资、股权融资和银行借贷。种业知识产权证券化融资和质押融资同属于外源性融资，具有外源性融资共同的特点，如可以在短期内聚集大量资金，规模效应显著。

（2）差异性分析

种业知识产权证券化融资和种业知识产权质押融资是我国种业知识产权资本化的两种重要模式。在实用性方面，两者也存在较为显著的差异（见表4－10）。

表4－10 种业知识产权证质押融资模式与证券化融资的适用性比较分析

	产权质押模式	证券化模式
融资类型	债权融资	股权融资
适用的企业类型	处于成长期中小型企业	具有一定规模的成熟企业
融资周期	周期相对较短，适于短期融资	周期较长，适于中长期融资
对降低经营风险作用	对种业企业的经营风险没有明显影响	有利于降低融资成本，减少和分散风险
让渡的权利的内涵	种业知识产权的所有权	种业知识产权的未来收益权
融资额度	较低	较高

通过种业知识产权质押融资，一方面可以解决中小种子企业短期资金不足问题，另一方面，有助于培养人们以知识产权未来收益为依据作价融资的观念，为未来的种业知识产权证券化融资打下基础。另外，与种业知识产权质押融资相比，种业知识产权证券化融资使得证券化的知识产权证券凭证在市场上自由流通，有利于实现知识产权的市场化和产业化，从而使种子企业成为知识产权创造和自主运用的主体，这符合种子企业为主体的商业化育种体系的建立，也契合我国国家知识产权战略的发展方向。

4.6 案例分析——以顺鑫农科为例

4.6.1 基本情况

北京顺鑫农科种业科技有限公司（下文简称顺鑫农科）是集生物酿造、营养肉食、安全农品、健康地产、环保水利、生态建筑、科技种植、金融服务等综合产业于一体的综合性大型企业集团。截至 2016 年底，总资产达 214 亿元，年销售收入已突破 130 亿元。按照顺鑫控股集团的投资控股型发展思路和三级管控模式，顺鑫控股将重点发展 8 个事业部和 2 个板块。其中种业事业部是顺鑫控股重点发展的事业部。北京顺鑫农科种业科技有限公司成立于 2015 年 1 月 29 日，是由北京顺鑫控股集团、北京市农林科学院、北京农科院种业科技有限公司和现代种业发展基金有限公司共同出资组建的股份制种业企业，技术依托单位是北京市农林科学院玉米研究中心。公司注册资金 1.2 亿元，其中北京顺鑫控股集团有限公司占 44.0％股份，北京市农林科学院和北京农科院种业科技有限公司以 10 个品种权评估价值 5 220 万元，占股 44％，现代种业发展基金注资 1 500 万元，占 12.5％股份。顺鑫农科以玉米品种权作价入股方式，以创新链为先导，驱动价值链和产品链融合，构建了科企合作新模式。

4.6.2　运行模式

以知识产权资本化品种权作价入股方式，通过利益链构建产学研深度协作模式。北京顺鑫农科注册资金 1.2 亿元，其中：顺鑫控股集团占 44％的股权为控股股东，北京农林科学院以"京科 665"等 10 个系列品种的知识产权入股，10 个品种评估价值为 5 220 万元，占有新公司 44％的股份，现代种业发展基金占 12.5％股份，为育、繁、推一体化发展以及与其他区域的农科院等科研机构合作树立了标杆。此外，顺鑫控股集团在人力、物力、财力等资源上的有力支撑，使其在市场开拓和品牌培育上具有一定的比较优势，形成大型种业龙头企业以市场化机制集成科研单位成果与共同创新成果，以此提升创新竞争力的良好发展态势。

探索了"种业企业＋科研机构＋种业基金"的合作机制，为种业兼并重组整合创新发展提供有益借鉴。顺鑫农科以种业企业主体为核心，将北京农林科学院、现代种业发展基金、顺鑫控股优势以及客户与行业竞争对手有机链接起来，同时依靠技术环境、市场环境、制度和体制环境、社会和文化环境共同发挥作用，通过顺鑫农科、顺鑫控股、现代种业发展基金、北京农林科学院的合作，形成资金共投、利益共享、风险共担的利益链模式。顺鑫控股集团不断强化作物种业和顺鑫农品的关系，加强畜牧种业（鹏程）和作物种业的联系，优化鑫源事业部与顺鑫种业饲料玉米、青贮玉米种业的关系，这为顺鑫种业继续做好链条间的关联营销和业务协同提供了条件，为顺鑫种业在集团内部的市场开拓带来了机会。

以品种权资本化为纽带形成了科研院所转制种业企业的产学研合作与协同创新机制，取得了较好成效。顺鑫农科依托院属科研单位提高种业科技服务能力，借助转制企业的品种推广和市场营销能力，顺向带动形成上中下游强化的科技价值链，通过服务实现转制种业企业的范围经济和规模经济。公司技术依托单位北京市农林科学院玉米研究中心，成立于1997年，是专门从事玉米研究及开发的科研机构，是农业部玉米原种基地、农业部玉米专家组组长单位，在玉米新品种选育与开发、玉米标准DNA指纹库构建与应用（目前是国内唯一具有农业部和司法部门认定资质的玉米品种真实性鉴定单位）、DH单倍体育种技术等方面处于全国先进行列或领先水平，先后获得国家及省部级奖励多项。中心研发实力雄厚，成立十余年来，选育并审定了京早、京科、京单、京玉、京科糯、京科甜等系列玉米品种80多个，其中国审品种26个。

4.6.3　优化建议

促进金融资源的聚集匹配。以创新品种为核心，加强开展种子育、繁、推的信息，金融、人才和科技等资源的对接整合服务，对接国家种业发展基金、整合种业政策资金和社会资金，积极与大学科研、咨询公司、金融保险、风投担保等机构合作成立种子投资运营服务中心，围绕着种子生产主体、推广主体、消费主体的投资运营活动，开展品种应用推广价值评估、经济分析、种业保险、担保贷款等服务，提高新型品种应用推广相关主体投资运营能力。

加强并购重组提高竞争力。以金融为核心要素驱动，推进兼并重组，实现强强联合、优势互补、资源集聚，促进企业创新发展，依托信息增值服务、金融服务、人才培训服务、科技推广服务等掌控整个种子产业链条，做种子全产业链的集成服务商。依托相关政策和政产学研用有机结合的资源集成优势，构建创新服务平台，推动科技价值链、服务价值链和产品价值链的有机融合。

完善风险防控体系。以创新驱动为核心，通过技术创新、品种创新、渠道创新、服务方案创新（综合集成解决方案）不断提高种子企业的核心竞争力，提高抗风险能力。立足品种研发、生产加工和市场销售等各产业链环节，提高风险意识，强化对战略、投资、研发、质量、财务、市场等风险的管控，建立具有种业特色的全面风险管理体系，确保稳步发展。

4.7 本章小结

本章主要研究结论如下。

（1）种业知识产权资本化有机地利用了担保制度、证券制度、信托制度，是种业知识产权价值最大化的必然要求，也是围绕种业上游主体开展的金融服务模式创新，种业知识产权资本化是种子企业筹集资本的高级形式，是种业知识产权利用和转化的重要途径。

（2）考虑到种业知识产权的多维度信息，将决策理论中的层次分析（Analytic Hierarchy Process，AHP）方法应用到种业知识产权价值，构建了种业知识产权价值评估体系，提出了种业知识产权价值评价模型，并根据净现值原理，给出了适合于种业知识产权定价的不完全市场下的效用无差异定价方法，为种业上游主体的金融服务模式研究奠定了基础。

（3）分析了种业知识产权质押融资和证券化融资模式。二者均属于外源性融资，共同构成当前我国种业知识产权融资的主要模式，正处于起步阶段，种子企业融资环境有待继续优化。由于种业知识产权的战略地位，初始阶段的政府部门的参与度均比较高，形成了不同地区各具特色的融资模式。给出了现阶段适合我国种业的有政府参与的种业知识产权质押融资模式，质押融资模式有助于培养以知识产权未来收益为依据作价融资的观念，为未来的种业知识产权证券化打下基础。从长远来看，种业知识产权证券化融资模式不仅适合种业上游研发型种子企业的金融服务，而且更契合我国国家知识产权战略的发展方向。

（4）通过顺鑫农科案例分析，种业知识产权价值出资入股是种业知识产权资本化的重要方式，通过利益链构建形成产学研深度合作机制，探索了"种子企业＋科研机构＋种业基金"的合作机制，为种业兼并重组、整合创新发展提供有益借鉴，为科研转制种子企业形成创新性产学研合作机制进行了有益探索。

第五章

种业下游的金融服务模式：
种业保险视角

本书第四章研究了种业知识产权资本化视角种业上游金融服务模式，那么，种业产业链下游主体的金融服务模式如何呢？本章深入分析了种业下游主体制种企业以及与其对接的用种主体的风险特点和金融需求特征，认为种业下游主体金融服务模式创新的突破口在于利用金融实现风险的分担与管理，为此，提出了种业保险险种创新模式和保险——信贷联动模式来实现风险管理和融资目标，将演化博弈引入种业保险险种创新行为分析，利用经典的 S－W 及其演化模型分析了种业保险——信贷联动模式的作用机理，核心是解决种业下游主体风险的分担与管理以及风险约束下的融资难题，最后以隆平高科的运行为例进行案例分析（见图 5－1）。

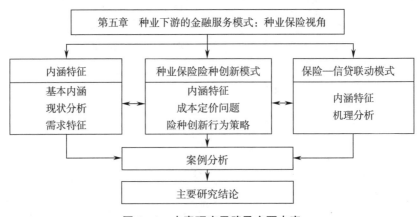

图 5－1　本章研究思路及主要内容

5.1　种业保险视角下种业下游金融服务的内涵特征

5.1.1　基本内涵

在本研究中，种业下游主体主要是指制种企业以及用种主体。按照种业产业链的形态，制种企业的上游是研发型种子企业，如果制种企业没有独立的品种权，就需要从研发型种子企业取得品种权，一般通过委托代理协议或者通过买断品种权的形式。按照制种企业制种过程划分，一类按照公司＋农户型，由基地的农户进行育种，制种企业进行收购、筛选，向市场销售；另一类是自建基地型，即制种企业自身建立基地，通过农民进行生产，制种企业提供技术支持，并进行统一管理。总体看，制种企业是种子繁育的组织者，也是市场最终消费者（用种主体）的对接者。

发展种业保险是一种有效风险防范的金融机制。目前在种业保险方面的研究不多，王璐（2011），龙文军、王德卿等（2014），佟屏亚、刘琴（2014），吴钰、蒋新慧（2013）等研究了种业面临的风险，认为要发展种业保险来保障种业发展，探讨了水稻制种保险问题，提出"保险公司＋制种企业＋农户"模式。通过以上文献综述可以看出，学者已达成共识，认为发展种业保险是解决种业风险的有效措施；对于保险——信贷联动的模式研究，郭长浩（2010）探讨了小额信贷与农业保险促进农业经济发展的模式。牛浩、陈盛伟（2014）对现有的农业保险和农业信贷产品进行了分析，通过模型筛选合适的农户主体，设计了保险和信贷联动的产品。祝国平、刘吉舫（2014）通过对全国227个地级城市2001—2009年的面板数据进行实证分析，表明农业保险和农业信贷之间的关系并不显著，因而，应该对农业保险政策进行优化，以此来促进农业保险和农村信贷形成相互促进的关系。上述文献表明，尽管存在一些差异，但是通过优化农业保险的机制设计，推动保险和信贷的联动，代表了演进的方向。但具体到种业方面，目前未见关于保险和信贷联动的研究成果。

在本书中，基于种业保险视角的种业下游金融服务模式是指为了防范和化解种业下游环节以及金融服务种业下游主体过程中可能出现的各类风险，设计研发保险产品及基于保险风险分担的金融服务模式的统称，主要包括种业下游的保险产品创新和保险保障机制创新，以及充分发挥种业保险管理风险功能，推动保险—信贷联动模式，以实现种业下游金融服务模式发展。

5.1.2　特征分析

发展种业保险具备了政策支持条件。近年来，种业保险的国家政策支持力度加大，2011 年国家提出"要建立政府支持、种子企业参与、商业化运作的种子生产风险分散机制，对符合条件的农作物种子生产开展保险试点。"2012 年中央 1 号文件明确要求对符合条件的种子生产开展保险试点。2014 年中央 1 号文件提出"将制种保险纳入中央财政保费补贴目录"。2016 年，《中国人民银行、农业部、中国银行业监督管理委员会、中国证券监督管理委员会、中国保险监督管理委员会、国家外汇管理局关于做好现代种业发展金融服务的指导意见》，提出要加强政策协调，推动完善种业发展配套体制机制。鼓励保险机构在国家级制种基地和龙头企业积极开展制种保险试点，深入研究开发保险责任宽、保障水平高、理赔程序简的制种保险专属产品。由此可见，发展种业保险具备了基本的政策条件。

种业产业链下游制种保险试点扩大。在政策推动下，种业保险在制种保险方面有所突破，制种保险的试点范围不断扩大，品种、区域差异化分布特征明显。试点在甘肃、宁夏、四川、宁波、福建、江苏、海南、湖北、北京等省（市）开展，试点品种涵盖水稻、玉米、小麦等主要农作物。从区域分布看，玉米种子生产保险在甘肃、宁夏、四川省区试点；水稻种子生产保险已经在宁波、福建、四川、江苏、海南、湖北 6 省市开展试点。目前，试点地区的水稻、玉米等制种保险均纳入地方财政补贴范围，各级财政保费补贴比例在 70% ~ 90%，农户承担 10% ~ 30%。以人保财险为例，到 2015 年人保财险累积承保制种作物 777 万亩，承担的保险金额近 27 亿元，仅 2015 年保费收入 7 177 万元，赔款 1.1 亿元。试点地区之外的种业商业保险也在探索之中。例如，中国人保财险与中种杂交小麦种业（北京）有限公司签订了保险协议，为种业生产各环节提供保险解决方案，其保险内容涵盖了专利产权、制种、良种质量乃至推广等环节，是针对种业企业一个较为完整的风险分散解决方案。又如 2016 年金苑种业与人保签署战略合作协议，在农作物制种生产保险、种企无忧全流程组合险、融资保障、信息共享以及专业技术支持等五个方面展开合作，共同推动种业发展。

保险与信贷联动在农业领域已有一些探索。在实务层面，银监会、保监会发布加强涉农信贷与保险合作意见，对信贷和保险的联动进行指导。在实践中，种业领域信贷和保险联动的模式已经有一些初步的成功案例。

5.2　种业下游主体特征与金融需求分析

5.2.1　种业下游主体特征

中国有着容量巨大的种子市场，处于产业链下游的制种企业承担着生产、经营、销售种子的任务。种业生产受环境影响大，生产需要较强的前瞻性，售后服务具有综合的严格要求。从资金周转来看，具有资金需求规模大、运营周期长、资金回笼慢等特点。

（1）种业下游制种企业的产业特征。一是在产业链上，制种企业对上链接具有品种权的研发型种子企业，对下链接制种基地、育种农户以及作为消费者的农户。因此是各利益相关者实现价值的关键环节。二是制种质量管理至关重要。对于各方利益相关者而言，实现价值的关键因素是种子的质量，以饱满度、发芽率、净度、千粒重、含水量等关键指标度量的种子质量直接关系到各利益相关者的切身利益。当发芽率等指标低于限额时，种子就只能商用，增值幅度就大打折扣。三是种子企业通过自身的作用将分散的农户组织起来，一侧对接市场，一侧对接农户与基地，因此，制种企业需要与制种基地、育种农户建立利益联结机制，以此保证制种计划的顺利实施，并推行有效的质量管理。四是种子产品生产和销售之间有一定的时间间隔，而且生产周期较长，因此，生产计划的确定非常关键，如果不能前瞻性地预测，合理地制订生产计划，可能导致库存上升，这对种子企业也是风险的来源。

（2）种业下游主体的风险特征。种业下游主体由于所处产业链环节的原因，面临较为突出的环境风险、技术风险、市场风险、资金风险等。而且，由于种业的产业特征，种业风险的外部性非常明显，即种业下游主体的相关风险可能导致其他产业链上相关主体的损失。例如，种子企业的质量问题会造成最终使用者即用种主体的损失。种业企业的经管不善可能导致制种农户的损失等。从金融企业的视角来看，金融服务种业面临着信用风险、市场风险、经营风险和法律法规风险等。结合种业下游的产业特征，种业下游主体金融服务模式创新过程中应重点关注以下风险。

环境风险。一般而言，种业发展的风险来自育种、繁殖、推广各个环节，种业下游受外部环境影响更大。第一类是自然环境风险，即由于异常高（低）温、旱涝、台风等自然灾害以及病虫害等自然因素形成的环境风险。第二类是国内外种业形势、政策、方针趋势变化造成的风险，例如，由于种业的法律、法规、相关管理办法发生较大变化形成的风险。第三类是由于制种企业不了解当地的文化和风俗等形成的风险。

市场风险。由于新的竞争对手的进入导致市场份额下降，由于种子价格的波动导致销售收入下降，以及由于市场需求发生了巨大的变化导致销售困难，这些都是市场风险的典型表现。种子产品适用性、市场推广运营等不确定而导致市场竞争力不足，也是市场风险的来源。种业下游是种植业，再向下游延伸是最终的消费者或者农产品深加工企业，最终需求与种植业之间有明显的互动关系，种植业与种业也有着明显的互动关系，由于种业的特点以及农业生产的特点，市场需求的预测较难，因而种业始终面临较为突出的市场风险。

技术风险。由于种业育、繁、推等各环节技术的不确定性造成的损失可能性可归结为技术风险，种业下游也面临较大的技术风险。具体包括，上游研发型种子企业拥有的品种权存在较大的技术缺陷，可能给下游制种企业带来巨大的损失。由于推广的技术条件较高，超过了种植企业或者农户的技术水平，种子难以得到接受和使用，也会形成巨大的技术风险。

战略风险。主要来自两个方面：一方面，在时变性较强的外部环境下，种业下游主体不能确定合适的发展战略，主要表现在不能准确把握外部变化的趋势，不能准确把握自身的优势和劣势，不能科学地确定目标市场，长期难以形成核心竞争力；另一方面，确定了较为科学的发展战略，但由于战略管理的失当导致不能实现战略目标的风险。部分种业企业能够深入研究外部环境的变化和自身的优势劣势，能够确定符合自身实际的战略方向，但是由于难以将战略分解到具体的责任人，战略管理过于随意，难以为战略配备必要的资源，导致战略风险的发生。

经营风险。主要指种业下游企业不能按照产业的规律组织育种、推广等各个生产环节造成的风险，以及不能够按照市场规律进行经营管理导致的风险。例如，下游种业企业不能对整个供应链进行科学管理，育种基地利益联结机制不健全，营销渠道不稳定，库存管理不恰当，合同管理存在漏洞等造成的风险损失。

操作风险。对于下游种业企业而言，由于没有稳定的技术队伍，难以对育种环节进行有效指导，难以提供优质的田间管理，对于育种这种专业性较强的生产行为，其风险是显而易见的。

财务风险。一是由于种业下游企业融资与发展战略不匹配，导致财务费用侵蚀了可持续发展的基础，影响企业的可持续经营。二是由于种业下游企业投资效率低下造成的风险。种业企业对外投资如果不能实现预期效果，非但不能支撑战略，反而消耗了重要的战略资源，甚至带来财务风险。三是不审慎对外担保行为造成的风险。种业下游企业如果不能审慎选择被担保企业或者累积担保额度过高，一旦代偿条件出现，必然给种业企业带来巨大损失。此外，财务方面的风险还表现在资产营运效率低，应收账款、存货等周转速度慢，杠杆率不合理等。

资金风险。主要由于种业下游企业资金管理造成的流动性风险以及资金使用效率低造成的风险。一方面，种业企业生产与销售环节之间存在一定的时间间隔，对收购资金的需求具有季节性，且收购资金需求量大。面对这种特点，不合理的资金占用、资金分散、预期现金流未实现、流动性不足问题，都可能给种业企业带来重要影响。

5.2.2　种业下游主体的金融需求分析

种业下游的主体也具有一般种业企业在生命周期各阶段所具有的金融需求，例如，借助资本运作，通过兼并重组实现产业链整合，成为一体化、综合性的种业企业。再比如，制种企业发展到一定阶段之后，必然也有通过不同板块上市的需要。在制种企业生产经营各阶段，也需要商业银行的便捷银行服务，在发展到一定阶段后，也有建立财务公司的需要等。但就制种企业的个性化金融需求而言，主要集中在两个方面。

（1）利用保险进行风险分担的需求。如前文所言，制种企业面临着多种形态的风险，且风险具有外部性。由于这种特征，种业企业在生产组织和销售过程中存在较大的不确定性。一方面，制种企业的品种权、科技水平是否能够得到制种农户的认可，存在不确定性；另一方面，产成品种子能否得到市场的认可存在不确定性。由于这两个方面的不确定性，造成种业企业生产和销售难以有效衔接，为此，需要种业保险的介入。

（2）利用保险—信贷的联动解决不确定性条件下的融资难题。制种企业面临着较大的风险，在这些风险的约束下，制种企业要正常地组织生产销售，仍然面临资金的约束。一是制种企业购买品种权的过程需要资金。二是制种企业在租赁土地、建设基地或在建立与基地的利益联结机制过程中需要资金。三是种业企业存有季节性的收购资金需求，如果自有资金不足，需要进行融资。此外，在春耕备耕时，制种、用种农户的资金不足也难以实现生产，需要借助与制种企业的订单关系进行融资。

5.3　种业下游主体金融服务的种业保险险种创新模式

5.3.1　基本内涵

对于种业下游制种企业而言，围绕生产、销售各环节引入保险产品，是实现风险分担的有效途径。为了取得更好的风险保障效果，还需要对种业保险的运行机制进行优化。

（1）根据种业下游主体的特征积极创新种业保险产品

第一，创新种业知识产权保险。种业知识产权保险能够实现分散风险、补偿损失、保护种业知识产权权利人的合法权益、促进种业知识产权资本化等有效风险管理功能。对于国家而言，种业知识产权保险国际竞争和知识产权战略的需要，通过经济手段、法律专业支持等方法，增强种子企业的国际竞争力，实现做强做大民族种业的目标；对于种子企业而言，是种子企业运用金融保险手段，维护合法权益，进行有效风险管理和实现可持续发展的需要；对于制种企业而言，如果自身具有品种权，可以投保此类险种，如果没有独立的品种权，则应要求上游企业投保，以此保证知识产权不被侵害。国外知识产权保险的管理模式有美国的商业运作和日本的政府支持以及英国的强制模式。根据我国种业知识产权现状和种业知识产权战略实施，我国种业知识产权保险采用政府主导、商业对接、专业化运作模式。

第二，创新种业产业链环节保险。种业保险是农业保险的重要组成部分，种业保险是指种业育、繁、推等环节生产主体在种业生产过程中，对遭受自然灾害、意外事故等造成的损失提供保障的一种保险。种业保险的目标主要是指实施种业保险政策所期望达到的效果，包括社会效益和经济效益。涉及主体主要有政府、保险机构和种子企业以及制种主体等。政府包括中央政府和地方政府。而种业保险的需求主体主要包括种业产业链环节的相关主体，包括种子企业、制种农户等。在种业保险合同中，需求主体一般指投保人，就是与保险标的物有直接经济利益关系的制种农户、种子企业等主体。种业保险产品创新就是围绕种业下游主体的风险特征对产品进行重新定义，形成契合种业特征的保险产品。主要包括对保险责任的界定，通过测算有关参数，对赔偿金额、保费等进行确定，对保险条款进行针对性设计。通过保险产品的优化，提高种业保险的保障水平，进一步扩大种业保险覆盖的范围，进一步提高保障标准（物化成本发展为收益保障保险）。

（2）种业保险运行机制优化

为了更好地发挥种业保险保障功能，应对种业保险的运行机制进行优化。一是进一步优化保险费的分担机制，由财政和种子企业承担更大的份额，探索推行强制种业保险制度。借鉴国外经验，探索以保险费的方式进行种业有关补贴的支出。二是通过政府购买服务的方式，扩大种业保险覆盖的范围。通过招标确定商业性保险公司和中介机构，由商业性机构负责与龙头企业一起设计产品，并进行种业保险的推广，政府对商业性机构提供的服务支付对价。三是借助高科技实现种业保险的全流程管理，实现快速理赔、快速赔付。四是国家层面设立种业巨灾救助基金，出台种业再保险制度，实现风险的进一步分担。

5.3.2　基于福利经济学的种业保险正外部性的价格成本分析

对于种业而言，种业保险具有利益外溢特征，即外部性产品。我们利用福利经济学来分析种业保险的正外部性问题，在这里要区别三个概念，即边际社会收益 MSB、边际私人收益 MPB、边际外部收益 MEB（见图 5 - 2），分析种业外部性问题。我们在不考虑种业保险的外部性时，其中 $S = MSC = MPC$ 为保险公司对于种业保险的供给曲线，$D_p = MPB$ 为种业保险的需求曲线。供给曲线与需求曲线相交于 M 点，此点决定了种业保险产出的均衡点 Q_m 和价格均衡点 P_m。但是实际上因为种业保险正外部性的存在，需求曲线由 $D_p = MPB$ 提高至 $D_s = MSB$，种业保险供给需求曲线相交于 E 点，此点决定了种业保险的产出水平 Q_e。当在 M 点达到局部均衡时有 $MPB < MSB$，此时未达到帕累托最优均衡点即 $MSB = MSC$ 的 E 点。通过种业保险提高了社会整体福利水平。根据帕累托最优效率条件，政府需要对正外部性的种业保险予以保费补贴，以实现边际社会收益"内部化"，这样实现 $MSB = MSC$，进而边际补贴率等于 MEB，因此实现了新的局部最优均衡。

按照经济学原理，要通过特定的制度安排来实现外部效应内部化，根据庇古的福利经济学思想，补贴可以使正外部性的消费或产品实现内部化。为实现资源的有效配置，一方面可以采取政府补贴的方式，通过发展政策

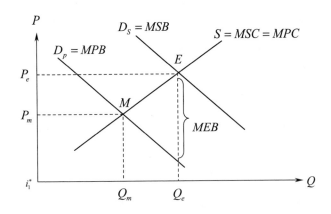

图 5 - 2　具有正外部性的种业保险价格形成

新种业保险引动；另一方面，要引入市场机制发展商业性种业保险（陈璐，2004）。针对种子生产过程中的风险，国家推出了制种保险保费分担的措施，目前正在试点之中。根据种业的战略地位以及种业发展的现状，根据种业风险的外部性与种业保险的公共性，国家应该加大对种业保险的补贴。改进方向包括：一是研究由中央财政或省级财政对种业保险进行补贴，考虑到县级财政的承受能力，降低县级财政的补贴；二是扩大享受补贴政策的险种，逐步扩大到种业各环节保险；三是优化种业保险补贴的流程。

5.3.3　基于演化博弈的种业险种创新行为分析

种业科技创新是种业的核心竞争力，需要金融服务解决所需资金问题，面临着巨大的投资风险，种业保险是在风险—收益对称原则下分摊种业风险的主要形式。目前种业保险仅在制种保险方面进行试点及逐步推广，鉴于种业的战略性地位，政府作用的发挥效果显得非常重要，起着影响、甚至决定保险公司种业保险策略选择的作用。在我国，种业保险作为新生事物，诞生时间较短，保险公司与政府还处于持续不断地动态博弈过程中。在借鉴赵湜、谢科范关于演化博弈科技保险险种创新行为研究的基础上，本书选择使用基于有限理性假设的演化博弈理论作为分析工具，对政府部门和保险公司双方主体策略的演化稳定性进行分析。

（1）基本假设与模型构建

在种业保险险种创新的演化博弈过程中，政府部门面临两种策略：干预策略和不干预策略；专业保险公司的博弈策略包括创新种业保险或者不创新种业保险险种。为便于接下来的演化博弈过程分析，首先结合我国种业发展实际情况、保险公司的特点以及保险行业整体发展设定如下假设，并对影响博弈主体决策效应的相关因素涉及的参数做如下设定。

假设一：政府部门可以根据国内种业发展现状随时调整并实施种业保险政策，不存在时序上的延迟性，该假设保证了种业保险政策的连续性。

假设二：保险公司选择种业保险新险种策略的投入成本为 C_1，该策略下的保险收益为 π_1；保险公司选择不开发种业新险种策略，由此造成的市场份额被挤占的经济损失为 L_1。

假设三：政府干预措施主要包括对种业保险等新险种项目予以资金支持和利用政府所拥有的平台协助保险公司进行推广，政府干预行为产生的总成本为 C_2，由此产生的实施效果增值 $\Delta\pi_2$，给实施种业保险新险种创新的保险公司带来的利润增值为 $\Delta\pi_1$。

假设四：政府协助保险公司进行宣传推广的干预行为对于种业保险新险种创新及运营成效具有正效应，能够推动种业保险发展。保险公司不进行种业保险险种创新行为，造成种业保险新险种无法进入种业市场所引起的种业经济损失为 π_2（由政府承担）。

假设五：整个博弈过程中，政府选择干预策略的概率为 $x(0 < x < 1)$，保险公司选择创新种业保险新险种的概率为 $y(0 < y < 1)$。

基于上述假设，构造博弈双方的收益矩阵（见表5−1）。

表5−1　　　　　种业保险公司与政府的演化博弈收益矩阵

		种业保险公司	
		开发种业保险新险种	不开发种业新险种
政府部门	干预（x）	$(-C_2 + \Delta\pi_2, \pi_1 - C_1 + \Delta\pi_1)$	$(-C_2 - \pi_2, -L_1)$
	不干预（$1-x$）	$(0, \pi_1 - C_1)$	$(-\pi_2, 0)$

根据上述收益矩阵，政府部门采取干预或不干预种业保险险种创新行为策略的期望收益分别是 u_{1i} 和 u_{1d}：

$$u_{1i} = y(-C_2 + \Delta\pi_2) + (1-y)(-C_2 - \pi_2) = y\Delta\pi_2 + y\pi_2 - C_2 - \pi_2$$

$$(5-1)$$

$$u_{1d} = y^* + (1-y)(-\pi_2) = y\pi_2 - \pi_2 \qquad (5-2)$$

平均期望效用为：

$$\overline{u_1} = xy\Delta\pi_2 + y\pi_2 - xC_2 - \pi_2 \qquad (5-3)$$

政府策略选择的动态复制方程为：

$$\frac{dx}{dt} = x(u_{1i} - \overline{u_1}) = x(x-1)(C_2 - y\Delta\pi_2) \qquad (5-4)$$

同理，种业保险公司采取开发和不开发种业新险种策略的期望收益分别为 u_{2d} 和 u_{2n}：

$$u_{2d} = x(\pi_1 - C_1 + \Delta\pi_1) + (1-x)(\pi_1 - C_1) = \Delta\pi_1 x + \pi_1 - C_1$$

$$(5-5)$$

$$u_{2n} = -xL_1 + (1-x) \times 0 = -xL_1 \qquad (5-6)$$

相应地，种业保险公司的平均期望和动态复制方程分别是：

$$\overline{u_2} = yu_{2d} + (1-y)u_{2n} = xy\Delta\pi_1 + y\pi_1 - C_1 y + L_1 xy - L_{1x} \quad (5-7)$$

$$\frac{dy}{dt} = y(u_{2d} - \overline{u_2}) = y(y-1)(C_1 - \pi_1 - x\Delta\pi_1 - L_1 x) \quad (5-8)$$

（2）演化博弈中的动态稳定性分析

作为演化稳定策略，x 和 y 的稳定点 x^* 和 y^* 必须满足：给一个小的绕动，复制动态仍会使其恢复到 x^* 和 y^*。令 $F(x) = \frac{dx}{dt} = 0$，$F(y) = \frac{dy}{dt} = 0$，得到 5 个均衡点 $(0, 0)$，$(0, 1)$，$(1, 0)$，$(1, 1)$，$\left(\dfrac{C_1 - \pi_1}{\Delta\pi_1 + L_1}, \dfrac{C_1}{\Delta\pi_2}\right)$。

根据微分方程的稳定性理论，在 x^* 处，$\frac{dx}{dt}$ 关于 x 的导数必须小于 0；当干扰使 x 低于 x^* 时，$\frac{dx}{dt}$ 必须大于 0；当干扰使 x 高于 x^* 时，$\frac{dx}{dt}$ 必须小于 0。此时的 x^* 方位相应博弈的复制动态进化策略稳定。同理，在 y^* 处，$\frac{dy}{dt}$ 关于 y 的导数必须小于 0；当干扰使 y 低于 y^* 时，$\frac{dy}{dt}$ 必须大于 0；当干扰使

y 高于 y^* 时，$\dfrac{dy}{dt}$ 必须小于 0。此时的 y^* 方位相应博弈的复制动态进化策略稳定。

分别令 $\dfrac{dx}{dt} = F(x)$，$\dfrac{dy}{dt} = F(y)$，对两个公式求一阶导数和二阶导数，得到不同条件下的均衡点局部稳定性结果（见表 5 – 2 和图 5 – 3）。

表 5 – 2　　　　　　　　　　　局部均衡稳定性分析

条件 ＼ 均衡点	A (0, 1)	B (1, 1)	C (1, 0)	D (0, 0)	$E(\gamma^0, \delta^0)$
$C_2 > \Delta\pi_2$ $C_1 - \pi_1 < x\Delta\pi_1 + L_1$	不稳定	鞍点	鞍点	稳定	鞍点
$C_2 < \Delta\pi_2$ $C_1 - \pi_1 > x\Delta\pi_1 + L_1$	鞍点	鞍点	不稳定	稳定	鞍点
$C_2 < \Delta\pi_2$ $C_1 - \pi_1 < x\Delta\pi_1 + L_1$	鞍点	不稳定	鞍点	稳定	鞍点
$C_2 > \Delta\pi_2$ $C_1 - \pi_1 > x\Delta\pi_1 + L_1$	不稳定	稳定	不稳定	稳定	鞍点

对于政府而言，$C_2 > \Delta\pi_2$ 时的博弈结果为无论种业保险公司是否选择开发种业保险新险种，政府结果是选择不干预策略。$C_2 < \Delta\pi_2$ 时，具体可以分为两种情况：当 $\dfrac{C_2}{\Delta\pi_2} < y < 1$ 时，$x = 1$ 为进化稳定点，政府最终选择干预策略；当 $0 < y < \dfrac{C_2}{\Delta\pi_2}$ 时，政府最终会选择不干预策略。

对于保险公司来说，若 $C_1 < \pi_1$，保险公司选择开发新险种策略。若 $C_1 - \pi_1 > x\Delta\pi_1 + L_1$，保险公司都会选择不开发种业保险新险种策略。若 $0 < C_1 - \pi_1 < x\Delta\pi_1 + L_1$，具体有两种情况：当 $\dfrac{C_1 - \pi_1}{\Delta\pi_1 + L_1} < x < 1$ 时，保险公司会选择开发种业保险新险种；当 $0 < x < \dfrac{C_1 - \pi_1}{\Delta\pi_1 + L_1}$ 时，保险公司会选择不开发种业保险新险种。

综合上述分析，当政府坚持执行干预政策的概率高于 $\dfrac{C_1 - \pi_1}{\Delta\pi_1 + L_1}$，就可

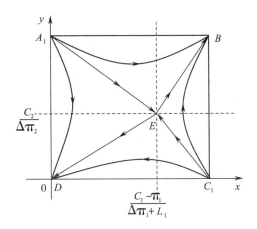

图 5 - 3　种业保险险种创新博弈策略动态演化图

以促使博弈结果向（干预，开发种业保险新品种）的结果发展，保险公司最终一定会选择种业保险新险种开发策略。由于我国种业保险刚刚起步，种业保险风险大、成本高，需要政府进行产业保护，给予补贴、政策等方面支持，促进我国种业发展壮大。

（3）基于演化博弈模型的种业保险险种创新模拟分析

为了更直观地展现政府和保险公司演化博弈的稳定性策略分析，接下来运用 MATLAB 进行模拟策略的动态演化过程。对博弈主体不同决策下效用的相关变量做如下数值设定。

表 5 - 3　　　　　　　　　相关变量说明及参数设定

变量名	含义	数值（单位：万元）
C_1	保险公司进行种业保险新险种策略时每年所投入成本	200
π_1	保险公司创新种业保险险种所获得的保险收益（每年）	100
$\Delta\pi_2$	政府补贴以及协助宣传推广而产生的利润增值	300
L_1	其他专业保险公司创新开发种业保险新险种，造成该保险公司因未开发种业保险新险种被挤占市场份额而造成的损失	150
C_2	政府干预种业险种创新行为时，其投入补贴以及协助宣传推广成本	100
$\Delta\pi_2$	政府进行宣传推广所带来的种业保险险种的实施效果增值	200
π_2	保险公司不进行种业保险险种创新，导致新险种无法进入种业市场引起种业经济损失	300

根据公式（5-4）和（5-8）分别得到政府和保险公司采取相应策略的复制动态方程（5-9）和（5-10）。

$$\frac{dx}{dt} = x(u_{1i} - \overline{u_1}) = x(x-1)(C_2 - y\Delta\pi_2) = x(x-1)(10 - 20y)$$

$$(5-9)$$

$$\frac{dy}{dt} = y(u_{2d} - \overline{u_2}) = y(y-1)(C_1 - \pi_1 - x\Delta\pi_1 - L_1x)$$

$$= y(y-1)(10 - 40y) \qquad (5-10)$$

根据前文演化博弈分析，当 $\frac{C_2}{\Delta\pi_2} < y < 1$，即 $0.67 < y < 1$ 时，$x = 1$ 为稳定点。取 y 的初始值 $y_0 = 0.7$，模拟结果如图 5-4 和图 5-5 所示。政府选择干预策略的概率受到保险公司策略影响，且两者方向相同。当 $x > 0.25$ 时，最终收敛于（干预，开发种业新险种），否则收敛于（不干预，不开发种业新险种）。

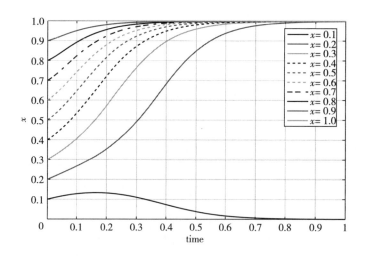

图 5-4 $y_0 = 0.7$ 时，政府（x）策略动态演化模拟图

当 $\frac{C_1 - \pi_1}{\Delta\pi_1 + L_1} < x < 1$，即 $0.25 < x < 1$ 时，$y = 1$ 为稳定点。取 x 的初始值 $x_0 = 0.3$，模拟结果如图 5-6 和图 5-7 所示。保险公司的策略选择受政府干预概率的影响，且两者方向相同。当 $y > 0.67$ 时，最终收敛于（干预，开发种业新险种），否则收敛于（不干预，不开发种业新险种）。

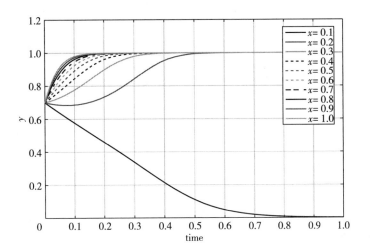

图 5 - 5　$y_0 = 0.7$ 时，保险公司（y）策略动态演化模拟图

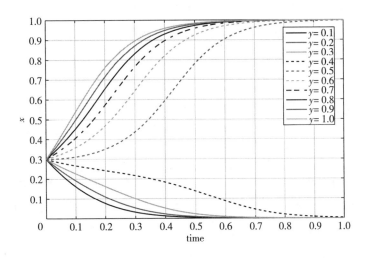

图 5 - 6　$x_0 = 0.3$ 时，政府（x）策略动态演化模拟图

　　综合上述模拟，博弈双方的最终策略选择取决于对方的博弈策略选择概率。博弈策略改变的临界点取决于双方的初始策略选择概率 $(x, y) = \left(\dfrac{C_1 - \pi_1}{\Delta\pi_1 + L_1}, \dfrac{C_2}{\Delta\pi_2} \right)$，只要初始策略选择概率高于临界点，就可以保证博弈结果最终收敛于（干预，开发种业新险种），从而保证种业保险险种的顺利实施。

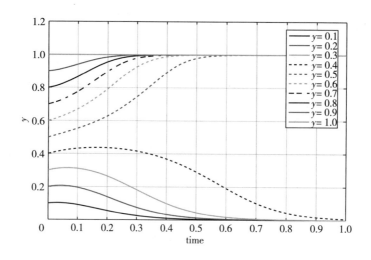

图 5 - 7 $x_0 = 0.3$ 时，保险公司（y）策略动态演化模拟图

（4）种业保险创新主体行为及策略

通过上述对整个演化博弈过程的理论及模拟过程分析可以看出，保险公司是否创新种业保险新险种主要取决于新险种的成本与收益之比，只有在 $C_1 < \pi_1$ 的条件下，保险公司才会积极主动地投入险种创新。鉴于种业保险对我国种业产业发展壮大的积极推动作用，政府有动力，同时也有能力对其进行积极培育，政府干预措施显然有助于企业降低创新成本，推动保险公司进行创新的积极性。相反，在 $C_2 > \Delta\pi_2$ 的条件下，演化博弈最终均衡点为（不干预，不开发）。对于单个保险公司而言，属于理性的选择，但对于我国种业行业整体而言，则显得非常不明智。面对这种状态下的市场失灵，政府有责任主动采取干预措施，激励骨干保险公司涉入种业保险新险种的创新和推广。但同时，政府也需要时刻注意自己所处的位置，尽可能地营造良好的市场制度和竞争氛围，使得保险公司尽早意识到种业保险未来的广阔市场容量，而不是取代企业在市场中的位置。总之，作为我国种业保险的推动力量，政府在我国种业保险险种创新过程中起着不可或缺的作用。离开了政府的催化剂作用，我国种业保险险种创新发展过程将变得更加漫长，这对于我国种业行业的发展构成了不可承受之重。

结合本部分演化博弈的前提假设以及演化博弈的分析结论，对于政府是否应干预我国种业保险险种创新，给出以下建议：在整个种业保险市场发育的初期过程中，采取适当的产业政策，进行产业保护是非常有必要的。政府选择干预策略，适时推行种业产业政策，并保持其政策的持续性。同时，干预的核心在不同时期的侧重点应当有所区分，总体上应坚持先进行补贴/税收优惠之后再宣传推广。即在种业保险创新之初，通过采取适当的干预措施降低保险公司的成本，对险种创新给予鼓励和支持；随着种业新险种进入市场，政府能够发挥的作用主要表现为通过宣传推广提高新险种的接受程度，迅速扩大市场范围，加速种业保险市场的发展壮大。

5.4　种业下游主体金融服务的保险—信贷联动模式

5.4.1　种业保险—信贷联动模式的基本内涵

在风险约束条件下实现融资是种业下游主体重要的金融需求，针对这一需求，我们提出创新种业保险——信贷联动模式。

（1）种业保险＋贷款模式

种业企业或者种业产业链上的农户进行融资，其风险主要来自种业产业的风险形态。针对这一特征，对产业比较突出的风险进行保险分担，在很大程度上降低了信贷风险。因此，种业保险＋贷款的模式具有切实的可行性。这种模式的操作原理是：种业下游主体融资的风险主要来自种业产业风险，而非种业下游主体的信用风险。因此，如果能够根据种业下游主体承担的产业风险，量身定做保险产品或者保险保障方案，对产业风险进行管理，则种业下游主体贷款的还款来源就可以得到保障。在具体的操作过程中，商业银行一般要求融资主体签订的保险合同中，将商业银行作为收益人。在实际的运作过程中，种业保险与订单融资产品、供应链融资产品配合使用，效果将会更好。

（2）种业贷款保险＋贷款模式

贷款保险作为有效的信用风险防范工具已经在世界范围内得到广泛的运用（Miran，2013），贷款保险能够有效解决中小经济体融资难题（郭左践，2012；文忠平，2012）。种业贷款保险实质是一种贷款保证，涉及种子企业、提供贷款金融机构和种业贷款保险机构等三个主体构成，是种业贷款保险机构为贷款种子企业向种业贷款金融机构提供贷款保险担保，如果由于种子企业的作为或不作为致使种业贷款金融机构信贷资金遭受经济损失，由保险机构负赔偿责任的一种贷款保证机制。将保险机制植入种业与金融结合过程中，既促进了金融创新，又开辟了银保合作的新领域。发展种业贷款保险作为一种特殊的保险形式，具有事先确定、互助共济、有偿补偿的特征。种业贷款保险＋贷款模式的运行机制见图 5 - 8。

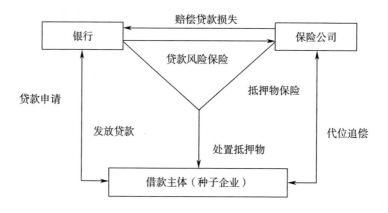

图 5 - 8　种业贷款保险运行机制框图

可以根据上述模式进行创新扩展，对于风险约束下的种业下游主体的融资难问题可以借助种业保险的保障功能，将保险—信贷联动模式扩展为"保险＋融资"模式。包括种业保险与信托融资的联动、保险与产业基金融资的联动，此外，在制种基地建设过程中正在推广 PPP 模式，也可以推行主要保险与 PPP 的联动等模式。

5.4.2　种业保险—信贷联动模式运行机理分析

信息在种业与金融结合中起到重要作用，可以提高种业与金融结合的交易效率，降低利率形成机制的交易成本。Stiglitz 和 Weiss（1981，以下称 S - W 模型）对此进行了经典分析。本小节在 S - W 模型基础上，借鉴刘祚祥的研究，增加金融机构信息能力和种业保险因素，考察金融机构的信息能力对于种业信贷的影响、种业保险对于利率、风险以及规模的影响，通过这些角度来阐述保险视角下种业下游金融服务模式的运行机理。

（1）种子企业未参保但考虑金融机构信息能力的情境分析

我们考虑金融机构信息生产能力与利率之间的关系，金融机构考虑整体风险水平，这个风险水平决定其收益。我们假设种子企业项目的风险水平用 θ 来衡量，其在 $(0,\theta)$ 上且服从正态分布，项目的预期收益率 $R = R(\theta) = r_f + k\theta$，$r_f$ 为无风险利率，k 为常数。种子企业申请借款的临界条件：$R(\theta) = i$，处于临界点的风险系数 $\theta i = (i - r_f)/k$。

假设金融机构具有一定的信息能力，可以识别风险系数 $\theta_e(\theta_e \leqslant \theta_{\max})$ 的种业项目，假设作为潜在客户的种子企业项目风险系数 θ_e 在 (θ_i, θ_e) 区间上服从均匀分布。在这里，我们假设金融机构贷款组合的风险系数为 $\bar{\theta}$，则 $\bar{\theta} = (\theta_i + \theta_e)/2$，将 $\theta i = (i - r_f)/k$ 代入可得：

$$\bar{\theta} = \frac{i - r_f + k\theta}{2k} \qquad (5-11)$$

我们定义金融机构的预期收益函数 $\pi = \rho(i, \bar{\theta})$，由利率和风险系数决定。假设 $\frac{\partial \rho}{\partial i} > 0$，$\frac{\partial \rho}{\partial \theta} < 0$，$\frac{\partial^2 \rho}{\partial \theta^2} < 0$。为分析方便令：

$$\pi = \rho(i, \bar{\theta}) = i - \alpha \bar{\theta}^2 ; 0 < \partial < k < 1 \qquad (5-12)$$

金融机构收益最大化的条件为：$\frac{\partial \rho}{d_i} = \frac{\partial \rho}{\partial_i} + \frac{\partial \rho}{\partial \theta} \frac{d\bar{\theta}}{d_i} = 0$，可得：

$$\frac{\partial \rho}{\partial_i} = -\frac{\partial \rho}{\partial \theta} \frac{d\bar{\theta}}{d_i} \qquad (5-13)$$

将（5-11）、（5-12）代入（5-13）求得最优贷款利率：

$$i^* = r_f + \frac{2k^2}{\partial} - k\theta_e \qquad (5-14)$$

将（5-14）代入（5-11）可以求得最优贷款利率下的风险系数：

$$\bar{\theta}^* = \frac{\theta_i^* + \theta_e}{2} = \frac{1}{2}\left(\frac{i^* - r_f}{k} + \theta_e\right) = \frac{k}{\alpha} \qquad (5-15)$$

上式（5-15）表明 i^* 是 θ_e 的减函数，表明金融机构信息能力越强，其贷款利率也越高。

将（5-14）和（5-15）代入（5-12）可得：

$$\pi^* = r_f + k^2/\alpha - k\theta_e \qquad (5-16)$$

上式表明金融机构最大化收益 π^* 是 θ_e 的减函数，金融机构信息能力越强，其收益越大。

分析表明，金融机构的信息能力是贷款利率和收益的重要决定因素，金融机构的信息能力越强，供给的贷款利率就越高，其获得的收益就越大。因此，对于种业下游主体的金融服务，金融机构不仅要注重自身信息能力的提高，还要注重间接渠道种业相关信息获取，提高种业信息价值。

（2）种子企业参加种业保险的情境分析

上面分析了金融机构信息能力对于种业与金融结合的重要性，而种业保险有助于种业信息的供给。种子企业参加保险并获得金融信贷支持，假设其参加保险的成本为 c，当风险发生种子企业会获得保险公司的赔付来偿还金融机构的贷款。假设任一种业项目投保后，其风险系数均会下降 c/k。（k 可以理解为市场风险溢价，一定时期内的一个常数）；假定金融机构的信息能力固定，种子企业参加保险属于显性信息，金融机构获取种子企业参加保险信息，金融机构可以鉴别项目的风险系数大于 $\theta_e - c/k$ 的参加保险的种子企业（θ 为种业融资项目的 β 系数，即项目系统系统性风险）。如果意外灾害发生并导致项目失败，保险公司按照保险合约赔付，金融机构信贷资金得以偿付。在这里，保险赔付的受益人是金融机构，而不是被保险人种子企业（由于金融的垄断性，一般的信贷合约条款都会如此规定）。因此，参加保险的借款种子企业的预期收益函数为：

$$R_1(\theta) = r_f + k\theta - c \qquad (5-17)$$

在相同的风险水平下，参加保险的种子企业相对于没有参加保险的种子企业，其收益减少 c。

在假设保险公司利润为零的情况下，可以推测，金融机构的预期收益提高了 c，因此，其预期收益 π_1 为：

$$\pi_1 = \rho(i, \overline{\theta_1}) = i + c - \alpha\overline{\theta_1^2}; (0 < \alpha < k < 1) \qquad (5-18)$$

在这里 i 为贷款利率，参加保险的种子企业申请信贷资金的临界条件为：$R_1(\theta) = i$；处于临界点的参加保险的种子企业项目的风险系数为：$\theta_{1i} = \dfrac{i + c - r_f}{k}$。因此，参加保险的种子企业项目的风险系数为：$\theta \in$

$\left(\dfrac{i+c-r_f}{k},\theta_e-\dfrac{c}{k}\right)$，并且在这个区间上服从均匀分布。因此可以求得 $\bar\theta_1$ 为：

$$\bar\theta_1 = \frac{1}{2}\left(\frac{i+c-r_f}{k}+\theta_e-\frac{c}{k}\right)=\frac{i+k\theta_e-r_f}{2k} \qquad (5-19)$$

我们将（5-19）代入（5-18）并且对 π_1 求极值得：$i_1^* = r_f + 2k^2/\alpha - k\theta_e$

假设下面条件成立：①金融机构是仅有的垄断者；②参加保险的种子企业不能退保险；③金融机构的信贷业务仅此一期，没有统筹考虑长期可持续的合作经营；那么金融机构所面对的参加保险的种子企业与没有参加保险的种子企业分别处在完全隔绝的市场之中。那么，依据（5-18）和（5-19）两式，金融机构收益最大化的前提条件不变，我们有参加保险的种子企业和不参加保险的种子企业的最优贷款利率 $i_1^* = i^*$。

然而，前文假设参加保险者是种子企业，而保险赔付受益者是金融机构，为了保证种子企业与金融机构长期稳定的合作，通过种子企业参加保险而获得超额利润，这就要求金融机构将保险成本返还给种子企业（种业具有正外部性，因此需要国家进行补贴，将在下面另做分析），故参加保险的种子企业获得信贷资金支持的利率应为：

$$i_1^* = i^* - c = r_f + \frac{2k^2}{\alpha} - k\theta_e - c \qquad (5-20)$$

由此可见，金融机构为参加保险的种子企业比没有参加保险的种子企业所提供的贷款利率低，在这里，金融机构实际上承担了一定比例的参保成本。将（5-20）代入（5-19）可以得到竞争市场约束条件下参加保险种子企业贷款组合的风险系数：

$$\bar\theta_1^* = \frac{i_1^*+k\theta_e-r_f}{2k}=\frac{i^*-c+k\theta_e-r_f}{2k}=\frac{r_f+2k^2/\alpha-k\theta_e-c+k\theta_e-r_f}{2k}$$
$$=\frac{k}{\alpha}-\frac{c}{2k} \qquad (5-21)$$

将（5-14）和（5-15）代入（5-12）整理得最大化收益为：

$$\pi_1^* = i_1^* + c - \alpha\bar\theta_1^2 = r_f + \frac{2k^2}{\alpha} - k\theta_e - c + c - \alpha\left(\frac{k}{\alpha}-\frac{2}{2k}\right)^2$$

$$= r_f + c + \frac{k^2}{\alpha} - \frac{\alpha c^2}{4k^2} - k\theta_e \qquad (5-22)$$

对 i_1^* 与 i^*、θ_1^* 与 θ^*、π_1^* 与 π^* 进行比较，可以发现：$i_1^* < i^*$、$\theta_1^* < \theta^*$、$\pi_1^* < \pi^*$ 成立。

我们可得种子企业参加保险后金融机构的预期收益曲线，见图 5 - 9。

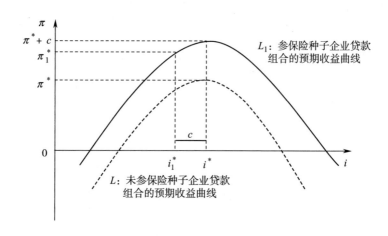

图 5 - 9　参加保险后金融机构的预期收益曲线

在图 5 - 9 中，参加保险种子企业的信贷组合的收益曲线和为参加保险种子企业的信贷组合收益曲线均在最优贷款利率 i^* 点取得最优利润。金融机构作为保险受益人，由于竞争约束的存在，金融机构需要负担一部分成本，所以参加保险的种子企业获得银行贷款利率 $i_1^* = i^* - c$，因此，金融机构就此而获得的收益 $\pi^* < \pi_1^* < \pi^* + c$。因此，参加种业保险降低了种子企业获得贷款的利率，也能在一定程度上降低种业与金融的风险，同时提高了金融机构的总体收益，因此，金融机构对于参加保险的种子企业信贷支持的意愿越强，越能进一步扩大种业与金融结合的规模（刘祚祥，黄权贵，2012）。

上述分析表明：种业保险是一种有效的金融机制，种子企业参加种业保险降低了种子企业获得贷款的利率，增加了种业信息供给，提高了信息价值，也在一定程度上降低了种业与金融的风险，同时提高了金融机构的总体收益，因此，金融机构对于参加保险的种子企业信贷支持的意愿越强。

5.5 案例分析——以隆平高科为例

隆平高科是全产业链的大型种业企业，但是该公司通过发展保险以及保险—信贷联动模式进行有效的风险防控与管理，对于种业下游金融服务创新具有重要的借鉴意义。

5.5.1 基本情况

袁隆平农业高科技股份有限公司（简称隆平高科）是一家于1999年由湖南省农业科学院、湖南杂交水稻研究中心、袁隆平院士等发起设立，2000年在深圳证券交易所上市（股票代码：000998）；2004年，长沙新大新集团成为大股东，步入快速发展通道；2006年，完成股权分置改革；2016年中信集团成为控股股东，跻身种业国家队。目前，公司已成长为"中国种业信用明星企业"中排名第一的现代种业集团，目前注册资本12.56亿元，总资产50.24亿元；2016年实现主营业务收入22.99亿元，同比增长13.50%，实现归属于上市公司股东的净利润5.01亿元，同比增长2.05%。2016年公司研发投入占其销售收入的9.7%。公司主营业务聚焦种业，以杂交水稻、玉米、蔬菜、小麦种业为核心，以棉花、油菜等种业为延伸，率先在国内建立以企业为主体、市场为导向的商业化育种创新体系，主要农作物研发创新能力及规模居国内领先水平，公司不断扩大农业服务价值链，业务范围包括金融、生态修复、种业互联网＋等多个板块，并致力于打造农业综合服务平台。

5.5.2 运行模式

（1）主要做法

2016年4月12日，中国人民财产保险股份有限公司、袁隆平农业高科技股份有限公司签署合作协议进行合作：一是提供综合化的风险分担解决方案。以制种保险为重点，积极拓展财产险、责任险等险种，进而延伸到加工储运保险、质量险、大田种植商业补充险、农产品价格险等险种，为种子生产过程提供风险分担。二是积极开展融资保险业务，推进保险＋贷款模式。通过合作推动保险—信贷模式的发展，以此增加制种农户以及其他参与制种的主体信贷可得性。

隆平高科与人保财险具备较好的合作基础，签订战略协议之前，人保财险已经承保了隆平高科在湖南、甘肃、海南、福建等制种基地的农作物制种保险业务，双方密切合作，在保险服务现代农业发展方面进行了有益的探索与实践。隆平高科和人保财险在各自领域都是大型龙头企业，这种龙头企业之间的首次跨界合作，能够发挥各自优势，对种业风险分担与管理进行了积极的探索。

（2）经验总结

从上述基本情况和主要做法可以看出，隆平高科对本书研究所涉及的两种保险服务模式均有实践探索，从实际情况看，已经取得了初步成效。具体而言，隆平高科的探索取得以下几个方面的突破。

第一，针对种业下游的难点问题和金融需求，给出较为完整的解决方案。一方面，针对种业下游主体产业风险推出了制种保险解决方案，特别是隆平高科协助推动制种保险在个别省区的全覆盖、高保额模式，有很高的影响力，为制种保险的普及提供了可以借鉴的案例。另一方面，针对下游主体在风险约束之下，难于取得营运资金的融资难点，推出了种业保险＋信贷、信用违约保险＋信贷的模式。契合了种业下游主体的产业特征和难点问题，形成了较为完整的金融服务方案和模式。

第二，通过保险企业＋种业企业合作模式开发保险产品，推广种业保险产品。从中国的实际情况看，针对种业的保险产品还非常有限。丰富保险产品是完善风险分担机制的重要环节，而依靠保险公司进行产品开发，难以在短期内了解种业产业链上各环节的风险，特别是保险建立在大数定律之上，不管是商业性保险还是政策性保险，保险产品开发需要大量的数据积累，仅依靠保险公司，产品开发效率低。同时，按照传统的保险展业思路，农业保险的业务拓展需要直接面对农户，这样做的效率低而且效果差。此次隆平高科与人保财险的合作，对保险产品的开发模式和推广模式均进行了新的探索。一方面，由保险公司和种业龙头企业建立紧密的合作关系，一起开发种业保险产品，定制种业保险服务方案，确保保险产品和方案能够契合产业特征、主体特征。共同开发针对种业主体的险种（包括制种保险、加工储运保险、质量险、大田种植商业补充险、农产品价格险等）以及保险服务方案、模式是双方合作的主要内容。另一方面，借助龙头企业进行保险推广，具有批量开发的优势，推广效率较高。

第三，对商业性机构参与种业金融服务提供了积极的探索。目前农业保险仍以政策性保险为主，赔付额较低，保证程度差，难以满足种业风险分担、风险管理的需求。对此，一方面需要政策性保险公司优化服务方案。另一方面，应该探索商业保险公司用商业保险的理念提供服务解决方案，并由财政性资金对其风险和收益不匹配的部分进行分担，以此提供符合现代种业生产的保险服务，隆平高科和人保财险的合作在这方面提供了典范。

5.5.3　借鉴意义

人保财险和隆平高科的战略合作，围绕种业企业生产以及种子销售的重点提供综合性的服务方案。在制种环节，种子企业和农户面临的重要难点问题是风险分担和融资问题，围绕这两个难点，隆平高科和人保财险的方案以制种保险为重点，配套开展一揽子组合保险，并积极推行保险—信贷联动模式，考虑到种业的产业特征及种业的巨大市场，该模式具有重要的推广意义。

5.6　本章小结

本章的主要结论如下。

（1）本章从产业链下游主体的产业特征、风险特征以及金融需求出发，从保险视角分析了种业下游金融服务的内涵和现状。创新地提出通过种业保险险种创新和保险—信贷联动模式，实现种业下游主体的分散风险、风险补偿、资金融通等主要功能，促进种业发展。同时，在金融服务模式创新过程中，注重政策性金融服务、商业性金融服务、多层次资本市场服务等一般方式的有效协同运行。

（2）针对种业下游主体金融服务的难点问题，提出种业保险险种的创新模式，从种业产业链环节保险现状出发，加强保险险种和机制创新，提出了保险—信贷联动模式，利用福利经济学理论对种业保险正外部性的价格成本问题进行了分析，提出通过政府补贴的方式和引入市场机制等方式解决外部性问题，并基于进化博弈视角对种业保险险种创新行为进行了研究，提出政府要支持种业保险险种创新，要给予政策、补贴等方面的支持。并借鉴 S－W 模型对保险—信贷联动模式进行了分析。

（3）在案例分析上，隆平高科与人保财险合作，以综合化的保险解决方案实现风险的分担与管理，以保险—信贷联动模式，提升种业产业链下游各类主体信贷可得性，为种业下游主体金融服务模式的创新提供了现实的案例，可推广、可复制。

第六章

种业全链的金融服务模式：
平台组织视角

本书第五章分析了基于种业知识产权资本化视角的种业上游金融服务模式和基于种业保险视角的种业下游金融服务模式。针对种子企业金融需求调研发现，种业发展的全链条金融服务需求明显，种业平台需求大，而且种业平台发展与利用程度也是影响金融服务的关键因素。那么，在"互联网＋"背景下，如何实现种业全链条主体即育、繁、推一体化种子企业的有效金融服务模式来提高竞争力？如何发挥平台的集聚功能将金融资源高效配置到种业全产业链条不同环节、不同主体进而实现有效的金融服务？这是本章重点要解决的关键问题。鉴于此，本章根据种业全链条主体即"育、繁、推"一体化种子企业以及产业链不同环节、不同类型种业主体的特征以及金融服务需求特点，深入地研究了"育、繁、推"一体化大型种子企业财务公司模式和种业平台众筹模式，在此基础上，创新性地提出了种业投融资服务平台模式构建，给出了种业全链条不同环节、不同类型主体金融服务的集成解决方案，并将生物学和产业理论中的共生（Symbiosis）理论应用于平台组织视角种业全链金融服务模式的机理分析，将种子企业和金融机构之间线性互利模型扩展到非线性互利模型，从种业投融资服务平台的构成、运行和实例提供了共生多赢的参考方案（见图 6 - 1）。

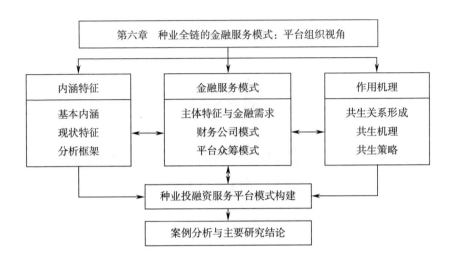

图 6 – 1　本章研究思路及主要内容

6.1　平台组织视角下种业全链金融服务的内涵特征

6.1.1　基本内涵

在"互联网 +"背景下，平台商业模式已成为理论研究与实践探索普遍关注的热点、焦点问题。然而，就种业领域涉及平台组织视角种业金融的研究还比较有限。目前，已有的平台商业模式研究多以价值链、价值网以及双边市场等视角予以阐释。从经济学层面来看，平台属于市场的具化，是一种现实或虚拟空间，该空间可以导致或促使双方或多方主体之间实现交易。而平台金融则能够发挥金融优势与平台经济的高效、快捷、覆盖范围广等优势，为客户提供更全面和更优质的融资、支付、结算、资金管理等综合金融服务。它突破了传统的时间和物理空间的局限性，促进了物质流、信息流、资金流等要素的聚配协同，扩大了交易发生的市场范围空间；减少了供需双方或多方主体的信息搜寻成本，提高了信息价值；促进了主体之间的优序时间安排，降低时间机会成本，提高了时间价值，在更大范围提高了经济效率，进而形成了全新的金融生态。

综上所述，本书所提出的平台组织视角下种业全链金融服务模式主要包括三个层面内涵：一是种子产业链全链条主体即"育、繁、推"一体化种子企业的自金融模式即财务公司模式，该模式与外部金融相互补充，有利于大型种子企业提高资金运用效率；二是种业平台众筹模式，旨在解决种业全链条不同环节、不同类型主体的筹资问题，具有范围广、规模大的优势；三是基于平台组织优化视角的种业投融资服务平台模式构建，给出了种业全链条不同环节、不同类型主体金融服务的集成解决方案。通过平台化组织这一载体，在一定金融生态环境下，形成专业化、组织化、系统化的种业全链金融服务体系，实现多主体之间的整体协调，增强种业金融资源的外溢效应，促进种业金融要素聚集与匹配，实现供需或多方规模经济与范围经济，防控种业金融服务的风险，降低种业金融服务的成本，提高种业金融服务的效率（张国志、卢凤君，2016）。平台组织下的种业全链金融服务模式创新是提升民族种业竞争力的需要，是完善种业创新体系的需要，是种业科技发展体制机制创新的需要，是实现种业全链价值的需要。

6.1.2　我国种业平台的发展特征

2015 年中央 1 号文件明确提出要支持涉农电子商务平台建设，农资电商快速发展。目前，国内农业网站平台达 4 万余家，主要包括农业信息服务网站、农业咨询网站、农产品电商、农资电商等，在类型上具有多样性且发展具有不均衡性的特点。其中，涉及农业信息服务的平台网站最多，占比达 70% 以上，如农博网、吾谷网、中国农业信息网、新农村商网等。还有平台涉及农业咨询等服务网站，如艾格农业网、前海农业资本、布瑞克农产品期货网、天下粮仓等。农产品电商平台方面发展较快，如顺丰优选、未来生活网、沱沱公社、阿里、京东等，但是一般都面临成本偏高、质量难以保障等问题。

目前，在种业农资电商发展方面还处于刚刚起步阶段，2015 年被称作种业电商发展"元年"。据统计，以种子、化肥、农药、农机具四大类为代表的农资行业市场空间约为 2 万亿元，为此，各大电商纷纷关注此块蓝海，探索"互联网＋"与现代种业深度融合，促进现代种业发展，助力农业供给侧结构性改革和农业绿色发展。近两年来，种业平台发展迅速，基于商品流、资金流、权益流、信息流以及综合型的种业平台也密集上线运行，如爱种网、阿哥汇、云农场、农一网、农淘网、易农优选以及国家种业科技成果产权交易平台等，通过搭建平台发挥其全数据采集的知识融合功能、大数据挖掘的信息推送功能、公平交易的利益协调整合功能，综合集成匹配农资、农技、农产品销售、信息、金融等多维度的综合性服务，其共同目标在于通过平台商业模式来构建种业综合服务平台生态圈。国内主要种业平台发展情况见表6－1。

表6－1　　　　　　　　　　　国内种业平台发展情况

名称	成立	定位	核心业务模式	发展现状
爱种网	2015年8月20日，由隆平高科等11家种子企业和现代种业发展基金共同投资成立	第三方信用平台、"全程服务种业"的农业大数据平台	提供种业全链的综合服务，包括农资、农技、保险与信贷、信息、信用等综合服务	2016年交易额达10.5亿元，注册农户5余万人，加盟种子企业227家
阿哥汇	"阿哥汇"智慧农业综合服务平台和全国农技服务中心共同服务于中国农业，2014年9月正式上线	专业的农资电商企业，对种业和互联网两个行业代理商业的深度整合和融合	提供产品信息和服务体系标准化；农技服务，资源的有效整合及农业大数据的有效利用	已开展的河南2015年实现种子销售收入7 000多万元
云农场	由山东圣丰种业创建，于2014年2月8日上线	集农资电商、农产品定制与交易、农村物流及农村金融为一体农业综合服务商	以网上农资商城为一体，以标准化的农村推广体系和农场主服务中心为两翼	已经在全国建立了30 000多个村级服务中心
有种网	创建于2010年，隶属于深圳市果菜贸易有限公司	国内首家专注于农产品批发市场，为批发商户提供一站式农产品智慧解决方案的信息技术服务运营商	由线上"有种网－滇东云南高原特色农产品供求平台"和"有种网农产品移动营销平台"＋4S体验店组成	通过农业供应链中内部各主体之间所产生的信息流、物流、资金流等，打造"农业供应链金融"闭环

续表

名称	成立	定位	核心业务模式	发展现状
国家种业科技成果产权交易平台	2014 年 5 月 15 日成立	种业科技成果产权展示交易的国家级电子商务平台，是第三方种业科技创新成果转化平台	遵循"公益性、专业性、权威性"的原则；平台主要包括展示交易、价值评估和信息服务三大功能模块	已建成初步上线使用
中国种业大数据平台	2017 年 9 月 13 日正式上线	汇集品种审定、品种登记保护、品种推广等种业大数据	一站式的种业信息查询与办理，种业管理服务创新	有效地解决种业信息孤岛现象，建立了可追溯体系

由上述分析可以看出种业平台的发展具有以下特征：

（1）目前种业平台还属于发展起步阶段，功能相对比较单一，还未形成有效的发展模式。从国内涉及种业电商平台成立上线运行的时间来看，多数平台是在 2014 年和 2015 年成立并上线运行，由此可见，我国种业电商平台上线时间还比较短，仍属于刚刚起步探索发展阶段，还未形成成功的有效发展模式。

（2）种业平台类型上大都依托大数据信息，顺应种业发展内外部条件的变化，围绕种业全产业链需求以及多边关联市场进行拓展，目前多以农资电商平台为主。涉及种业电商平台均以大数据为核心，以信息化为基础，试图建设综合性服务平台，目标是打造种业乃至农资综合平台生态圈。

（3）种子企业参与度较高，种业平台建设上多以企业主体、政府支持、多主体参与的市场化形式创立。目前部分种子企业正在自己建立平台，开展平台综合服务，如山东圣丰种业创建云农场；隆平高科、金色农华等11 家种子企业参与投资创建的爱种网综合服务平台。

（4）种业平台已经开始涉足信贷、保险等综合性服务，已经开始从基础平台向跨界的综合性或专业化的综合性服务平台发展。如中国人保、中央气象台、中国邮政等已经成为爱种网的战略合作伙伴，该平台涵盖农资产品交易、农技信息服务和农民融资保险的大数据平台框架初步建立；云农场提出要做大数据，发展订单农业、农技服务、低息贷款、种植保险等；有种网也开始打造"农业供应链金融"闭环，创新农业供应链金融模式。

6.1.3 分析框架

种业产业链全链条主要是育、繁、推等环节，涉及的主体既包括育、繁、推一体化种子企业，又包括种业全链条不同环节、不同类型的种子企业，通过文献梳理、专家访谈以及比较分析等方法，本书深入研究了基于平台组织视角的育、繁、推一体化大型种子企业财务公司模式和"互联网+"背景下种业平台众筹模式，在此基础上，提出了种业投融资服务平台模式构建。分析框架见图6-2。

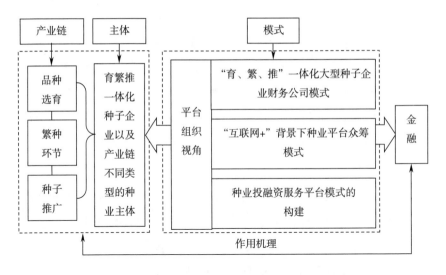

图6-2 基于平台组织视角的种业全链金融服务模式框图

育、繁、推一体化大型种子企业财务公司模式是种子企业发展到一定规模、一定阶段的产物，也是种子企业实现产融结合的有效方式之一，更是种子企业做强做大，参与国际竞争，提升民族种业竞争力的现实需要。在一定意义上可以称为种子企业的"内生"金融服务模式；在"互联网+"背景下，种业平台众筹模式是一种基于种业金融要素资源聚集匹配视角的金融中介，它具有解决信息不对称、提高信息价值、分散筹集资金面临的风险、降低种业筹资成本、提高种业金融资源配置效率等功能，在一定意义上可以界定为"外生"的种业金融服务模式；而提出的基于种业全链条平台组织优化的种业投融资服务平台模式构建，在一定意义上可以认为是"内外兼通"种业金融集成服务模式，它能够促进种业金融要素聚集与规模化，促进实现种业转型升级、快速发展。

6.2　种业全链主体特征与金融需求分析

6.2.1　种业全链主体特征

种业全链条主体既包括育、繁、推一体化大型种子企业（目前全国有育、繁、推一体化种子企业 77 家），又包括全链条不同环节、不同类型的种业主体。众所周知，种业是典型的高科技、高附加值、高资本投入的行业，同时发展面临周期长、风险大等问题。因此，无论通过种子企业自身发展，还是并购重组整合以提高竞争力，在产业链不同环节的新品种研发选育、种子繁育生产加工、新品种的推广服务等各阶段均需要大量资金投入，都需要针对不同类型主体特征而构建有效的金融服务模式来促进种业发展。

就风险承担角度而言，种业全链条主体育、繁、推大型种子企业主要由其自身承担风险，其所面临的风险包括产业链条上的各类风险，主要风险包括以下几个方面。

资金风险。种业金融服务所面临的最大风险就是资金风险，种业所具有的高科技特性和金融方式特性以及国家投融资体制改革的变化导致资金风险加大，由于资金短缺造成项目不能达到预期的风险发生。一方面，种子企业的融资规模越大，面临的财务风险越大，种子企业为融资所支付的利息（股息）等成本费用越大，对种子企业经营与偿债产生影响；另一方面，如果融资规模过小，又难以满足企业项目所需发展资金需要，难以实现企业、项目的正常运营。一般而言，种业投资属于长期投资，资金投入是分阶段的投入，较长时期内无法及时变现，期间可能产生财务风险，为此，要加强资金的有效管理，实现资金效率、收益最大化是项目资金管理核心。

环境风险。种业发展的环境风险来自育、繁、推各个环节，受自然环境影响较大，主要包括异常高（低）温、旱涝、台风等自然灾害以及病虫害等自然环境风险。此外，还包括种业创新团队、创新技术以及科技创新激励等不确定性而形成的风险，国内外种业形势、政策、方针趋势变化形成的风险；种业行业的法律、法规、相关管理办法变化的风险；因科研体制改革、种业创新政策、人才等发展变化产生的风险。

市场风险。市场需求的变化、收益不确定性的影响，国外种业的进入造成国内外市场的激烈竞争、种子市场供大于求的现状影响以及种子知识产权保护不力而造成的市场有序性差等。育种技术的先进程度、市场竞争程度、市场推广的适应性等不足，都会对种子企业造成风险损失。如一个新品种进入市场，该品种的区域适应性、用种主体对新品种的认可度、接受新品种的时间和价格接受程度、品种市场竞争情况以及区域品种保护等都会产生市场风险。

6.2.2　种业全链条主体金融需求

通过调研我们发现，种业全链条主体育、繁、推一体化大型种子企业以资金为主的金融服务需求具有层次性、多元化的特点，不仅融资需求规模大、需求环节多，而且呈现出从单一金融产品服务需求向多元化金融产品需求发展的特征，从种子产业链金融需求环节上来看，产业链上游品种选育和种质材料创新环节金融需求最大，其次是中下游生产加工与种业基地建设等环节，种业金融需求呈现出向种子产业全链融资延伸的趋势特点。

大型种子企业发展规模达到一定阶段以后，可组建财务公司来实现对自身全链条金融服务的需求。同时，在互联网 + 时代，种业产业链不同环节、不同类型的种业主体对平台金融有着广泛的需求，即通过平台组织优化来整合金融资源，不断完善种业金融生态体系。

6.3　大型种子企业财务公司模式与种业全链平台众筹模式

6.3.1　大型种子企业财务公司模式

（1）内涵意义

2004年出台的《企业集团财务公司管理办法》中，将财务公司定义为：以提高集团资金使用效率为目的，以集中运营为手段，以金融方法为载体，为集团以及集团成员提供财务管理和公司金融服务的非银行金融机构。在本书中，主要是指由育、繁、推一体化大型种子企业出资，重点服务于大型种子企业内部以及所属成员种子企业、客户、股东以及种业链条主体等投融资服务的自金融服务平台，但并不局限于种子企业和股东内部融资的附属金融机构。大型种子企业依托财务公司整合资源，促进资金流、信息流、资产流的内外部高效流转而形成开放共赢的金融生态，打造高效的种业金融服务平台，有效提高种子企业核心竞争力，推动现代种业发展。

国际经验表明，财务公司模式是大型企业发展到一定阶段的产物，是企业发展过程中不可或缺的重要组成部分，对企业发展壮大具有重要作用。据不完全统计，大约2/3以上的全球500强企业均组建了自己的财务公司。由此可见，本书提出育、繁、推一体化大型种子企业财务公司模式，既是实现全链条大型种子企业做强做大的重要途径，也是提升民族种业竞争力的现实需要。截至2016年底，我国育、繁、推一体化种子企业数量为90家，年销售额超过20亿元的种子企业1家，年销售额超过10亿元的种子企业4家，超过5亿元的种子企业14家。众所周知，一个国家种业的竞争力，在某种程度体现在大型种子企业的竞争力上，从这个角度而言，发展育、繁、推一体化大型种子企业财务公司模式，不仅仅是种子企业微观层面的融资模式创新问题，更是关系到我国种业做强做大乃至通过培育具有核心竞争力的跨国种子企业继而提升我国种业国际竞争力的宏观战略问题（张国志、卢凤君，2016）。

（2）功能分析

根据波特的价值链管理理论、价值链分析法，我们可以将育、繁、推一体化大型种子企业财务公司的业务活动进行细分，按照价值链分析法将育、繁、推一体化大型种子企业财务公司的价值活动分为基本活动和辅助活动，其中：基本活动创造价值，辅助活动保障基本活动的运行（见图6-3）。财务公司业务活动的核心是提高资金使用效率，降低交易成本，围绕种业链条进行投融资，财务公司既是种子企业的内部金融服务平台，又是种子企业对外金融的平台，其基本业务活动包括围绕种业链条的投融资、资金结算管理、战略决策支撑、风险管控、价值利益分配等五大基本业务功能，其辅助业务活动包括信息服务支持、创新人才服务、资源集聚配置以及会计核算管理等辅助四大功能。

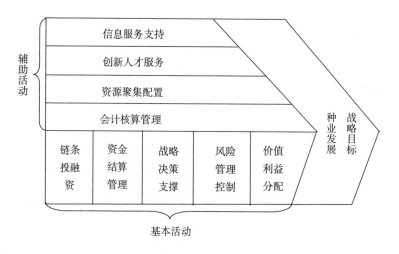

图6-3　育、繁、推一体化大型种子企业财务公司模式价值链

（3）运行分析

就金融服务平台而言，育、繁、推一体化大型种子企业财务公司模式要实现其主业金融服务、产业链金融服务、供应链金融服务、种子行业金融服务等四大功能的有效运行，其运行过程遵循从内部金融服务及综合金融服务到对外金融服务再到资本运作功能的演化轨迹（见图6-4）。

围绕种业主业金融服务的运行。一般以大型种子企业的主业作为首要

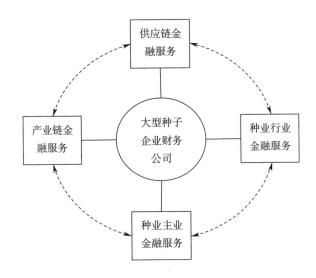

图 6 - 4　育、繁、推一体化大型种子企业财务公司模式功能示意图

的服务对象，围绕其主业开展投融资、资金归集结算、战略决策、风险管理等服务业务，同时，以通过辅业服务达到助推主业的目标，实现收益来源多元化，为种子企业主业发展全局服务。

围绕主业种业产权链金融服务的运行。主要围绕育、繁、推一体化大型种子企业产权链条节点上的相关企业展开金融服务，优化配置资金、财务、管理、决策等综合金融服务。

围绕种业供应链金融服务的运行。以育、繁、推一体化大型种子企业供应链作为金融的服务对象，发挥大型种子企业核心地位和财务公司对供应链相关主体在信息、交易、联动等方面的优势，为上下游相关企业提供供应链金融服务，提高核心种子企业的竞争力并带动上下游相关主体的发展。

围绕种业行业金融服务的运行。通过投资参股其他种子企业或金融机构，实现资源优势整合，同时对接外部金融服务，实现对整个种业行业的金融服务，财务公司依托大型种子企业对种业行业熟悉的比较优势，能够提高信息价值、降低交易成本等。

（4）基于效率视角的决策树模型分析

决策树法作为一种科学有效的风险型决策技术，具有明显的逻辑清晰、

过程严谨、方法简捷、易于运用等特点。为此，本书运用决策树模型对于
"内生"型财务公司模式与"外延"型参股银行模式进行比较分析，具体
分析情况如下。

步骤一：首先假设育、繁、推一体化大型种子企业的决策层达成一致
认为财务公司策略能够获得成功的概率为 p，则采取财务公司策略失败的
概率就为 $1-P$，假设金融市场上运行好的金融机构的平均利润率为 R_a，则
市场上运行不好的金融机构的平均亏损率为 R_i，总投资额度为 I。

步骤二：根据协同理论，育、繁、推一体化大型种子企业组建财务公
司势必会将产生协同效应，在这里我们假设协同效应为 R_x，（其中：我们
假设 R_{x1} 为"内生"型财务公司模式下所产生的协同效应，R_{x2} 为"外延"
型参股银行模式下产生的协同效应），根据协同理论，势必产生 $1+1>2$ 的
整体协同效果，所以有 $R_x>1$。

步骤三："内生"型财务公司模式与"外延"型参股银行模式的最大
差异在于种子企业对金融机构的控制方面，一般而言，种子企业对于"内
生"型财务公司的控制力要高于"外延"型参股银行。

在这里，为了便于简化分析，我们假设种子企业对"内生"型财务公
司的控制力为 1，则我们假设种子企业对于"外延"效应所控股的银行的
控制力为 R_b，则 $R_b \leqslant 1$。

因此，根据以上假设育、繁、推一体化大型种子企业的金融服务模式
选择见图 6-5。

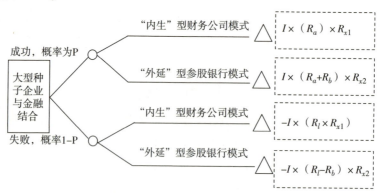

图 6-5　育、繁、推一体化大型种子企业金融服务模式选择决策树图

通过上述分析，可得种子企业通过"内生"型的财务公司模式所获得收益 E_i 为：

$$E_i = I \times P \times (R_a \times R_{x1}) - I \times (1 - P) \times (R_l \times R_{x1}) \quad (6-1)$$

而种子企业通过"外延"型参股银行模式所得到的收益 E_0 为：

$$E_0 = I \times P \times (R_a - R_b) \times R_{x2} - I \times (1 - P) \times (R_l + R_b)R_{xb}$$

$$(6-2)$$

第一种情况：通过式（6-1）与式（6-2）比较，如果当模式所产生的协同效应一致即 $R_{x1} = R_{x2}$ 时，此时两种模式产生收益的大小取决于 R_b。并且由于种子企业与财务公司之间控制关系的存在，而种子企业对银行的控制力小，一般而言 $0 < R_b \leqslant 1$，因此，总存在 $E_i = E_0$，在此情形下，种子企业选择"内生"型财务公司模式是最佳选择。

第二种情况：当 $R_{x1} \neq R_{x2}$ 时，即两种模式所产生的协同效应不一致，种子企业选择哪种模式主要取决于企业决策层的判断，即概率 P。

①当 $P = \dfrac{R_l + \dfrac{R_{x2}}{R_{x1} - R_{x2}} \times R_b}{R_a + R_l}$ 时，$E_i = R_0$，即选择两种模式的任何一种对于种子企业来说获得的收益是相等的；

②当 $P \leqslant \dfrac{R_l + \dfrac{R_{x2}}{R_{x1} - R_{x2}} \times R_b}{R_a + R_l}$ 时，$E_i \leqslant R_0$，即种子企业选择"内生"型财务公司模式所获得的收益小于"外延"型参股银行模式所获得的收益。

③当 $P \geqslant \dfrac{R_l + \dfrac{R_{x2}}{R_{x1} - R_{x2}} \times R_b}{R_a + R_l}$ 时，$E_i \geqslant R_0$，即种子企业选择"内生"型财务公司模式获得的收益大于"外延"型参股银行模式获得的收益。

第三种情况：如果育、繁、推一体化大型种子企业的决策层达成一致认为采取财务公司模式能够获得成功的概率 P 一定，那么，"外延"型参股银行路径下种子企业对于银行的控制能力 R_b 越小，则"内生"型财务公司模式产生的协同效应 R_{x1} 与"外延"型参股银行模式产生的协同效应

R_{x2} 之间的差异度就越大，也就越易于符合 $P \geqslant \dfrac{R_l + \dfrac{R_{x2}}{R_{x1} - R_{x2}} \times R_b}{R_a + R_l}$ 的条件，能够实现 $E_i \geqslant R_0$，即种子企业选择"内生"型财务公司模式获得的收益大于"外延"型参股银行模式获得的收益。

上述分析表明，第一，育、繁、推一体化大型种子企业"内生"型财务公司作为一种非银行金融机构，具有控制性、协同性等方面的优势特征，能够增强企业融资能力、降低金融服务成本，有效防控风险，增加整体收益，服务效率相对较高。因此，育、繁、推一体化大型种子企业适合选择"内生"型财务公司模式来实现有效的金融服务。第二，发展财务公司模式既是种子企业做大做强的结果，也是提升民族种业竞争力的现实需要。目前，在种业领域，仅中种集团、隆平高科等少数大型种子企业拥有财务公司或者在兼并重组过程中拥有并利用所属集团的财务公司，但"内生"型财务公司模式是大型种子企业实现产融结合的发展方向所在。

6.3.2　种业平台众筹模式

（1）内涵意义

众筹模式（Crowdfunding）起源于美国。目前国内的众筹方式主要包括股权众筹、债权众筹、捐赠性众筹、回报众筹等，基本是以"众筹项目融资——实施项目——收益分红"模式为主。其中股权众筹模式功能相对最强，我国于 2016 年开展股权众筹试点。平台众筹模式既是"互联网 +"下互联网金融服务实体经济的重要模式，也是"互联网 +"背景下种业产业链不同环节、不同类型种子企业筹集资金的重要模式。平台众筹既是一种金融创新，也是一种基于资源要素聚配视角的金融中介，具有提高信息价值、有效解决信息不对称与不完备、分散风险、提高资源配置效率等多项金融功能。其基本的运作流程见图 6 - 6。

目前，国际上种业众筹项目的数量已超过 5 000 件，筹资金额已经超过 3 000 万美元。而国内种业众筹还处于刚刚起步阶段，无论在众筹数量还是筹资金额上还相对较小。种业众筹平台模式相对降低了种子企业种业项目的准入门槛，在一定程度上解决了种子企业、种业项目融资难题；

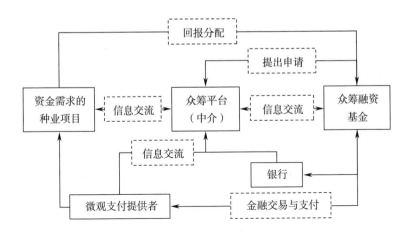

图6-6　种业众筹平台融资基本流程示意图

通过众筹平台能够降低种子企业种业项目的获取资金的成本；通过众筹平台突破时间、空间的限制，通过众筹平台促进资本有效循环并提高了资金效率；基于信息、大数据进行有效的风险防控，实现"上游育种研发、中下游物化和价值实现"种业全链条的高效运行，对于促进种业科技创新、提高种业竞争力具有重要意义。

（2）运行分析

种业平台众筹模式作为"互联网＋"背景下解决种业全链条不同类型种业主体筹集资金的一种商业模式，它的金融服务效率如何呢？为此，本书在借鉴赵岳、徐京平的相关研究基础上，以信息经济学模型为基础，对种业平台众筹模式的效率问题进行分析。

假定在市场中有 n 家种子企业，这些种子企业都属于是风险中性的。在这里每一家种子企业均有同样的机会投资于一个需要固定投入为 T 且在技术上是不可分的投资项目。种子企业拥有可变现的资产为 W。种子企业的风险具有差异性且其拥有的育种技术等关键信息为其私有。我们假设第 i 家种子企业的育种研发投资项目能够获得成功的概率为 P_i，而种子企业育种研发投资项目取得成功所得到的收益为 X_i，育种研发投资项目如果失败的话所得到的收益为 0。假设育种研发投资项目具有的期望收益为 $P_i \times X_i = B_0$，在这里有 $B_0 > T$。为了便于我们进行分析的需要，我们假定在市场中只有两种类型的种子企业，即 $i = 1, 2$；其中，风险小的种子企业所占

比例为 α，其研发投资项目成功的概率为 P_i；则风险高的种子企业所占比例为 $1-\alpha$，其研发投资项目获得成功的概率为 P_2，在这里有 $P_1 > P_2$。

种子企业通过众筹平台项目融资成功，其获得收益为 X_i，需要向投资者支付 TR；而如果众筹项目没有获得成功，则获得的收益为 0。但仍需要支付给平台费用 C，且 $C < TR$。在此，类型 i 种子企业期望收益 γ 在合同 $\prod_i(\gamma) = P_i(X_i + W - TR) + (1 - P_i)(W - C) - W$。在此，众筹平台在众筹项目发起方——种子企业和诸多众筹投资者之间起到链接作用，它并不直接为种子企业众筹项目进行投资。种子企业项目要想在众筹平台获得融资，首要的前提是种子企业要加入众筹平台并成为平台的成员，为此需要缴纳一定的会员费 g。众筹平台在促进种业与金融结合的过程中的重要作用具体包括增大种子企业的违约成本、扩大种业众筹项目的信息价值、促进规模经济实现等。为了分析和实际需要我们做如下假定。

①关于种业众筹平台增加种子企业违约成本的设定：众筹平台借助大数据、现代信息技术等具有能够降低违约传播成本、影响力大而广泛等特征。如果种子企业发起的种业众筹项目一旦违约，其违约信息会迅速通过信息平台予以披露传播，会遭受损失 D，即违约而造成的信用成本。为了分析说明，对于上文中风险小的种子企业，假定其违约造成的信用成本为 D；而风险大的种子企业，假设其信用成本系数为 β，则其违约信用成本为 βD（徐京平等，2016）。

②关于种业众筹平台搜集信息进而扩大项目信息价值的设定：种业众筹项目的潜在投资者缺乏对种业众筹项目所在行业以及种业研发项目本身进行专业分析和风险把握的能力，影响其投资动力。因此，众筹平台对于发起人种子企业及其种业项目所搜集到的信息价值越高，则种子企业通过平台众筹项目融资成功的概率越高，其规模就会越大。众筹平台为搜寻种业项目信息所付出信息获得成本为 Z，为此，可依托平台建立完善信用评价体系和相关大数据库，获取项目发起人及项目本身较为完备的信息，提高信息价值，为此，众筹平台也可以对种子企业众筹项目风险进行初步的甄别判断。

③关于种业众筹平台促进种业金融规模经济实现的设定：我们假设种

业众筹平台前期搭建与运营管理需要付出的成本为 Y，即众筹平台的固定成本，它不随众筹平台业务的增加而增加，且具有边际递减的规律。如果通过种业众筹平台进行融资的种子企业数量为 m，则每个种子企业分担的成本为 Y/m。

如果风险小的种子企业通过众筹平台从银行进行融资，则其预期收益为：

$$\prod\nolimits_1(\gamma) = P_1(X_1 + W - TR_1) + (1 - P_1)(W - D) - W - g$$

$$(6-3)$$

种业众筹平台为低风险类型的种业项目发起方种子企业提供银行融资服务的预期收益为：

$$\delta_1(\gamma) = g - (1 - P_1)T - Y/m$$

在竞争性的市场条件下，达到均衡时种业众筹平台和投资者获得零利润，此时众筹项目的发起方种子企业会实现自身利益最大化，则其期望收益为：

$$\prod\nolimits_1(\gamma) = X_0 - (1 - P_1)D + (1 - P_1)T - Y/m \qquad (6-4)$$

若高风险类型的种子企业通过众筹平台进行融资，在同等条件下，则其期望收益为：

$$\prod\nolimits_2(\gamma) = P_2 - (X_2 - TR) + (1 - P_2)\beta D - g \qquad (6-5)$$

$$= X_0 - P_2/P_1[T + Y/m - (1 - P_1)T - g] - (1 - P_2)\beta D - g$$

$$(6-6)$$

若种业众筹平台可以实现上述分离均衡，则低风险项目发起方通过众筹平台进行融资的收益应大于0，而高风险的项目发起方通过众筹平台进行融资的收益应小于其使用传统银行信贷时的收益，即同时满足以下二式：

$$X_0 - (1 - P_1)D + (1 - P_1)T - Y/m > 0 \qquad (6-7)$$

$$X_0 - P_2/P_1[T + Y/m - (1 - P_1)T - g] - (1 - P_2)\beta D - g < X_0 - T$$

$$(6-8)$$

求解得：

$$\frac{[P_2(1 - P_1) + P_1 - P_2]T + (P_2 - P_1)g - P_2 Y/m}{P_1(1 - P_1)\beta} < D$$

$$< \frac{X_0 - T + (1 - P_1)T - Y/m}{1 - P_1} \qquad (6-9)$$

即只要满足条件：

$$\frac{[P_2(1 - P_1) + P_1 - P_2]T + (P_2 - P_1)g - P_2 Y/m}{P_1(1 - P_1)\beta}$$

$$< \frac{X_0 - T + (1 - P_1)T - Y/m}{1 - P_1} \qquad (6-10)$$

为此，种业众筹平台要通过确定一个恰当的违约成本 D，建立健全有效的信息识别机制，即风险较低的种业项目，种子企业在发起时设立较低的违约成本 D_1，对风险较高的种业项目，种子企业在发起时设立较高违约成本 D_2，在这里满足 $D_1 < D_2$。低风险的融资方种子企业可以通众筹平台以相对低的成本获得融资，从而通过众筹平台在没有抵押品的情形下使其研发项目获得众筹资金支持。因为，种业众筹平台所发挥的甄别机制的重点在于违约成本，如果众筹项目发起方种子企业一旦违约将面临严重的信用、名誉等损失，通过平台进行信息披露导致未来此类型种子企业项目很难进行众筹融资。

从 (6-10) 式可以判断，若想此不等式成立，β 的值不能太小，即风险较大类型的种业项目发起人对于其违约成本的主观评价不能太低。

我们假设 $\beta > [P_2 (1 - P_1)] / [P_1 (1 - P_2)]$，其中，$0 < [P_2 (1 - P_1)] / [P_1 (1 - P_2)] < 1$，将式 (6-10) 做简单变换发现，随着种业众筹项目数量 m 的不断增加，上面的不等式将得到松弛。即在众筹平台上种业项目融资的数量越多，众筹平台所发挥的有效甄别机制就越强，进而其规模经济的优势也就越显著。

更进一步，假设种业众筹平台所付出的信息采集成本为 Z，这个成本用于建立健全平台信用评价体系和大数据库等，当通过种业众筹平台进行融资的种子企业数量为 m 时，则平均分摊到每一种子企业上的成本为 Z/m。

随着种业市场化发展，在竞争性市场条件下实现均衡时，类型 1 的种子企业期望收益为：

$$\prod_1 \gamma = X_0 - (1 - P_1)D + (1 - P_1)T - Y/m - Z/m，此时若 \prod_1 \gamma > 0$$

$$即 X_0 + (1 - P_1)t > T + Y/m + Z/m + (1 - P_1)D \qquad (6-11)$$

式（6-11）表明，当众筹平台的信息成本较小时，（6-11）式将得到进一步松弛。通过对（6-11）式中的其他参数进行比较静态分析表明，种业众筹平台具有同类型的项目批量作业特点，在整体上获取项目相关信息的成本就小，因此其对于提高种子企业众筹融资的效率就越大；由于种业众筹平台进行融资的种子企业众筹项目数量越多，整体上种业众筹平台的运营成本就越低，因而众筹平台所发挥的链接机制即促进种业与金融结合的作用就越大；种业众筹平台众筹融资的种业项目数量越大，按照边际成本递减规律其边际成本递减，所发挥的大数据信息价值优势越显著，进而实现其规模优势。

（3）分析结论

上述分析表明：第一，在信息方面，由于种业众筹平台大规模批量业务模式能够具备信息优势，提高信息价值，种业融资效率高，对于解决不同类型种子企业信贷配给问题的作用越大；第二，在风险防控方面，种业众筹平台通过平台信息及时披露的甄别机制增大种子企业违约的信用、名誉损失等违约成本，有效防控风险；第三，在规模、收益方面，整体而言，种业众筹平台众筹融资的种业项目数量越大，种业众筹平台的运营成本就越低，按照边际成本递减规律其边际成本递减，所发挥的大数据信息价值的优势越显著，相关主体获得的收益也越大，进而实现其规模经济优势。

6.4　平台组织优化视角下种业投融资服务平台模式构建

6.4.1　内涵意义

前面分析了育、繁、推一体化大型种子企业财务公司模式和"互联网+"背景下平台众筹模式。然而如何在"互联网+"背景下，如何发挥大型种业龙头的作用，实现种业全链条不同环节、不同类型的种业主体的金融服务呢？为此，需要进行有效的模式创新。本书借鉴运用相关研究文献、开展专家访谈、进行比较分析等方法，在前面研究的基础上进行探索性的扩展研究，提出了"内外兼通"的种业投融资服务平台模式，该模式以政府支持、种子企业主体、市场化运营、多主体参与的种业投融资服务平台的方式构建，以种业金融服务共生体系建设为核心，促进种子企业、金融机构以及相关中介服务机构等多主体通过平台实现资金流、信息流、商品流、权益流等在种业金融相关主体之间的合理有效流动，不仅可以实现对种业的单一金融产品、组合金融产品、集成金融服务方案，而且还可以实现金融产品价值、金融服务价值、平台价值。通过有效的共生模式设计，将种业金融服务供需双方紧密联系，为供给主体和需求主体提供综合性服务。通过种业投融资服务平台的构建，有利于形成种业金融共生的生态体系，实现融合发展、共创价值；有利于推动种业投融资领域改革与发展，提高种业投融资效率，促进种业科技创新。

6.4.2　构建原则

（1）科学性原则。综合考虑我国种业金融服务的发展现状，遵循种业发展与金融发展的客观规律，既要考虑种业主体（主要指种子企业以及用种主体）与各类金融机构的各自运行与发展特点，又要综合考虑其他相关服务主体的实际情况与利益诉求，兼顾种业、金融、政府以及其他参与主体的权利与利益，科学地进行分担风险与分配利润。

（2）系统性原则。种业投融资服务平台是种业金融服务的共生系统，平台构建要综合考虑系统内种子企业和金融机构等主体的客观现实和利益均衡，种业投融资服务平台成为种业综合集成服务商，构建种业金融服务平台生态体系。

（3）可操作性原则。种业投融资服务平台建设一定要具备可操作性，具备种业金融所需各类条件，确保平台的有效运行与可持续发展。

6.4.3　主体构成

种业投融资服务平台模式的主体构成包括政府、种子企业、用种主体、科教机构、中介机构和金融服务主体等，以共同价值为核心，围绕着现代种业做强做大的战略目标，共同开展种业金融服务活动，是提高种业金融服务效率的平台组织系统。

（1）种业金融需求主体。种子企业是金融服务的主要需求主体，还包括用种主体，既有融资需求，又有抵押担保公司以及评估、产权交易等中介服务需求。

（2）种业金融供给主体。金融供给主体主要包括政策性金融机构、商业银行、证券、种业基金等，就资本而言既包括金融资本又包括各类社会资本。

（3）种业金融中介机构。主要包括担保机构、评估与交易机构以及相关信用评级机构等，中介机构能够减少种业与金融结合过程中信息价值低的问题，提高种业金融结合效率。

（4）政府——特殊参与主体。政府作为特殊参与主体，既是参与者、政策支持者，也是重要的引导者和调控者。通过构建"市场主导、企业主体、政府支持、多主体参与"的种业投融资综合性服务平台（张国志、卢凤君，2017），利用平台的整合提升、资源聚集、调节调控功能形成种业平台金融生态圈。

6.4.4　功能分析

种业投融资服务平台模式功能主要包括以下几个方面（见图6-7）：

（1）投融资功能。建立种业金融服务平台金融生态体系，平台集投融资、政策服务、引导孵化、担保服务、信息服务、产权交易和风险识别防控等功能于一体，有效解决种业全链条不同环节、不同发展阶段、不同类型的融资等金融服务需求。

（2）信息服务功能。通过种业投融资服务平台扩大全方位的信息来源与数据挖掘，积聚信息、数据，提高信息价值，通过种业相关大数据信息的集聚、筛选、分析、交换、匹配与合成，实现信息的外溢性、共享性、互补性、低成本传播性（Marco，Rebecca，2008）。实现信息的规模报酬递增，降低成本。构建基于种业、金融市场等信息价值的有效供给机制，建立大数据库，加强种业信息、行业资讯等的"互补、相容、汇集、叠加、外溢和扩散"（张永林，2011），提高信息价值的准确性与有效性，为种业投融资决策提供支撑。

（3）信用强化功能。种业投融资服务平台要创新化解供需主体双方基于成果交易讨价还价的目标冲突和"两信"（信用、信任）问题，促进成果交易的公平性、公正性以及透明性，提高金融交易的安全性。

（4）链接整合功能。种业投融资服务平台要对接各级种业支持政策，加强相关金融机构的链接合作，促进财政资本、产业资本、金融资本和社会资本通过平台的协同整合运作。建立在平台之上的金融服务群为种业群的发展提供资金、担保、风险投资以及上市融资等系列化的专业金融服务，实现经济价值与社会价值增值。

6.4.5　运行分析

种业投融资平台模式集投融资、信息服务、信用服务、产权交易等功能于一体，可以解决种业不同链条、不同环节不同类型主体的融资等金融服务需求。种业投融资服务平台是核心主平台，其核心功能是种业的投融资服务功能。此外，还包括信用平台、信息平台、交易平台等三个子平台。信用平台的功能是提供信用评级及信用担保等，信息平台功能是基于大数据信息的搜寻、整理、筛选和及时发布功能，交易平台的功能包括种业科技成果的价值评估、种业科技成果转化与产业化以实现种业科技成果的供需交易。

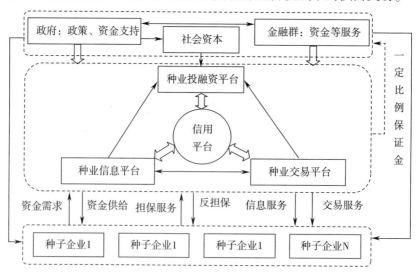

图 6 - 7　种业投融资服务平台模式运行框图

平台以市场化、政府支持的方式建设，由育、繁、推一体化大型种子企业主导种业投融资服务平台建设，通过平台重点整合种业产业链的关键环节，缩短种子"研发—生产—转化—交易—推广"等价值链各环节、主体之间的距离，改变传统的上游—中游—下游的信息传递模式，提高了信息价值，促进各环节、主体在平台上直接进行信息交互，能够建立动态信息反馈和风险防控机制，为有效控制融资风险、提高价值回报提供条件（张国志、卢凤君，2016）。该模式的运行主要包括投融资服务、信用服务、信息服务、交易中介服务等主要的功能性平台的协调运行。

投融资服务的运行。种业投融资服务平台采取市场化运作方式，利用群分、群选、群管理、群服务的管理思路，平台的建立促使种业群规模增大，进而金融需求增加，提升种子企业具备同金融机构的议价能力，进而获得贷款利率优惠，在融资过程中，还能减少不必要的信息搜寻成本，因此，能够降低种子企业的融资成本；对于金融机构而言，由于种业群服务需求规模增大，金融服务群能够降低信息成本、管理成本、交易成本等，尽管利率略有降低，但由于规模扩大、成本节约而能够增加金融机构总体上的收益。不仅实现了供需平衡、规模经济、范围经济，而且又能促进平台上主体之间相互学习、提高绩效，能够有效地促进种业金融服务的创新发展（张国志、卢凤君，2016）。

信用平台的运行。信用平台以大数据为核心，包括种子企业信用信息数据库、企业外部信用评级数据库、担保机构外部信用评级数据库及种子企业融资记录等信息累积，将政府部门、金融机构、种子企业、信用担保公司、资信评级公司等主体紧密联系起来，实现各类信用信息透明、高效传递，推动种子企业获得高效、便捷的金融机构信贷资金支持，从一定程度上改善种业金融服务的信用环境，从而为优质的有潜力的种子企业以及全链条不同环节、不同类型的种业主体提供良好的金融服务环境（游达明、朱桂菊，2011）。

信息平台的运行。信息平台能够消除种业发展金融服务的"信息壁垒"，促进信息的"集成共享"。通过对种业主体提供的各类信息的评审、搜集、筛选，并不断累积种子企业技术、成果、财务、研发项目、投融资等综合性信息，同时，通过信用平台和交易平台的反馈信息，建立综合性信息数据库。通过集成、整合种业评审专家的咨询服务，专家对种业创新成果产业化发展前景的评估，不断嵌入信息平台大数据库的信息中，降低信息的搜寻成本和交易成本，建立价值信息的有效供给机制，实现信息价值的最大化，提高种业投融资平台的种业金融服务效率（见图6-8）。

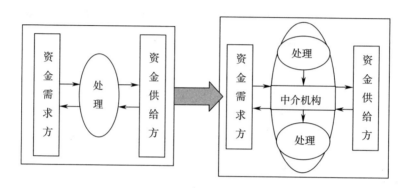

图6-8　种业投融资服务平台模式的信息平台运行

交易中介平台的运行。交易中介平台能够有效链接种业科技创新的各个环节、不同类型的主体，打造种业科技成果的集成服务商，建立科学的价值评估体系，发挥平台价值发现和价值参考功能，解决种业创新成果的价值模糊性、不确定性问题。通过交易平台的运行，解决金融机构自身缺乏专业的人才队伍、种业科技成果的价值评估难等问题，为种业发展金融服务过程中创新种业知识产权质押担保方式提供有效服务。同时，交易平台还提供对接检测外包、价值评估、产权代理等专业化增值服务。

6.4.6　成本—收益分析

种业投融资服务平台是集种业相关政策服务、信息服务、信用担保、种子专业服务等为一体的种业综合性金融服务平台，通过平台降低信息搜寻成本与交易成本，促进种业金融服务规模的扩大，通过平台关系网进而促进种业集群规模扩大，建立种业金融服务平台生态圈，以平台为纽带实现种业发展金融服务。通过种业投融资服务平台将金融资源更优化地配置到种业产业链中，为种业产业链不同环节、不同类型种业主体引入高效率、低成本的融资等金融服务，促进种业发展，提高种业发展水平。为了揭示种业投融资服务平台促进种业金融服务的优势，本书以种子企业商业银行融资为例，构建种子企业融资的成本—收益分析模型，对"一对一"商业银行融资模式与种业投融资服务平台模式下种子企业融资的成本—收益进行比较分析（张国志、卢凤君，2017）。

（1）成本—收益模型

种子企业利用商业银行融资的过程中，对于银行机构而言，一般在信贷资金风险可控的前提下，其收益主要取决于贷款的利率定价水平与贷款规模，其收益公式为：

$$R = PQ = F(C_1, C_2, C_3, \gamma, \lambda, C_T) \times Q \qquad (6-12)$$

其中，P 表示贷款利率定价，Q 表示贷款规模。

其中，P 表示贷款利率为：

$$P = F(C_1, C_2, C_3, \gamma, \lambda, C_T) \qquad (6-13)$$

其中，C_1 表示资金成本率，C_2 表示管理成本率，C_3 预期损失率，γ 表示经济资本目标收益率，λ 表示中间业务调节系数，C_T 表示税负成本率。

种子企业的贷款额度主要取决于其发展的融资需求及其通过银行融资的可获得性，为了便于进行比较分析，我们选择种子企业的单位融资成本作为衡量指标。种子企业的单位融资成本主要取决于贷款的利率定价水平和单位贷款所付出的搜寻成本、交易成本等。种子企业的单位融资成本公式为：

$$C = \mu \times N(P, C_S) \qquad (6-14)$$

其中，P 表示种子企业从银行获得贷款的利率定价水平，C_S 表示种子企业为获得银行贷款所付出的单位搜寻成本、交易成本，μ 表示单位成本调节系数即种子企业获得银行贷款难易程度系数。

（2）基于成本—收益模型的比较分析。基于上述构建的反映商业银行收益与种子企业单位融资成本的成本—收益模型，比较分析种业发展的金融服务在"一对一"商业银行融资模式和种业投融资服务平台模式下的商业银行收益与种子企业单位融资成本的特征。具体比较分析见表6-2。

表6-2   不同类型种业金融服务模式下的成本—收益比较分析

模式	银行信贷资金收益 $R = PQ = F(C_1, C_2, C_3, \gamma, \lambda, C_T) \times Q$	种子企业单位融资成本 $C = \mu \times N(P, C_S)$
"一对一"商业银行融资模式	种子企业一个一个向银行申请贷款，对于银行而言，管理成本率高，预期损失率大，贷款定价水平高，由于银行对应分散的种子企业，贷款规模也小，银行收益低	获得银行款难度较大，需提供抵质押等担保，获得贷款的利率定价高，为获得贷款付出较大搜寻成本，种子企业的单位融资成本高
种业投融资服务平台下融资	由于平台组织的信息、管理、担保等服务功能，管理成本、交易成本降低，基于平台的种业集群发展，形成基于种业全产业链客户群，贷款规模扩大，银行整体收益高	平台组织提供信息、管理、担保、链接等服务，搜寻成本降低，随着种业集群发展，具有一定议价能力，获得银行贷款的利率定价降低，种子企业的单位融资成本低

（3）分析结论

从上述分析可以看出，在"一对一"的商业银行融资模式下，银行获取种子企业（种业项目）相关信息难，服务规模相对较小，种子企业单位融资成本高、风险大，银行收益相对低；通过种业投融资服务平台能够推进种业集群发展进而形成种业金融平台生态圈，银行容易获得种子企业（种业项目）相关信息，信息价值高，贷款规模大，相对风险较小，金融机构获得的收益高。同时，种业集群融资议价能力增强，种子企业融资成本相对较低。

6.5   平台组织视角下种业全链金融服务模式共生机理

6.5.1   基于平台组织视角种业全链金融服务模式共生关系的形成

斯蒂格利茨（Stiglitz）最早于1998年将共生理论引入金融领域，提出了金融共生概念，认为金融共生模式的建立有利于降低金融机构垄断的市场力量，有效增加资金供给，同时促进金融共生体信用的积累，进而提高整个市场的运行效率。平台组织下种业金融服务模式共生可以界定为种业主体（主要是指种子企业以及用种主体）和金融主体（不同类型金融机构）以及相关主体之间相互作用的方式或相互融合的形式，它反映各共生单元之间的物质、信息和能量的关系（任志华，2003）。

（1）共生单元。种业金融服务的共生单元包括金融需求者——种子企业和金融供给者——金融机构、政府以及担保、评级机构等以及相关服务机构。

（2）共生条件。①共生界面。种子企业、金融机构、政府以及担保、评级机构等相关服务机构的共生界面是平台。通过平台组织，种子企业、金融机构、政府、担保机构以及评级机构等相关服务机构通过共生单元进行物质、信息和能量的交流，建立战略层面的合作关系、资金层面的合作关系以及操作层面的合作关系，为各共生单元之间共生机制建立基础。②信息共享。是种子企业、金融机构、政府以及担保、评级机构等相关服务机构之间渐进式的相互识别并认知的过程，随着共生单元的相互了解，主体目标模糊度降低，目标实现过程的灰度降低，供需之间关系的不确定性降低，通过平台建立共生关系的可能性变大。

（3）共生模式。从共生行为模式角度看，种业与金融结合的共生类型可以分为寄生、偏利共生、非对称性互利共生和对称性互利共生模式（见表6-3）。

表6-3　　　　平台组织视角种业金融服务共生行为模式比较分析

模式	内涵	共生表现	共生状态
寄生	共生单元只存在单项的关联关系，所产生新能量，有利于寄生者而不利于寄主	金融机构为种子企业提供信贷资金但无法获得回报，造成风险损失	无法达成阶段性相对均衡的稳定关系
偏利共生	异类共生单元发生双向关联，但产生的共生能量被一方获取	共生能量或被种子企业占有，或被金融机构占有	容易导致共生体系瓦解
非对称性互惠共生	异类共生单元发生普遍双向关联，产生共生能量并普遍分配，但分配机制不对称	金融机构承担高风险但并不能获得高收益，或种子企业支付较高利息	不利于共生模式可持续发展

模式	内涵	共生表现	共生状态
对称性互惠共生	共同类共生单元亲近度高，异类共生单元存在双向关联，产生共生能量并能够对称分布	金融机构和种子企业共同进化、互利共生	种业金融服务最稳定共生关系状态，共生关系的目标

就共生单元的组织程度而言，种业金融服务的共生类型可以分为点共生、间歇式共生、连续性共生和一体化共生组织模式。从以上种业金融服务共生行为和组织模式分析来看，一方面，种子企业与金融机构结合能够产生共生能量和共生价值，种业发展面临资金问题，能够通过金融机构参与而得到解决，实现创新发展而获得收益。另一方面，种业主体和金融机构以及相关主体共同产生共生能量与共生价值，但分配机制具有不对称性，种子企业由于自身抵押担保、信息不对称不完备、规模不足等问题导致种子企业难以获得金融资金支持，即使获得金融资金支持但需要付出的资金成本较大。

（4）共生环境。金融共生环境主要包括自然环境、政治环境、法律法规环境以及国际发展环境等影响因素。

6.5.2　基于 Logistic 共生成长模型的共生机理分析

（1）相关假设及说明

首先进行相关假设，用 $y_a(t)$ 表示种子企业的产生水平（营业收入），$y_b(t)$ 表示金融机构提供资金总额，t 表示影响 $y_a(t)$ 和 $y_b(t)$ 条件的改变。N_a 为一定时间、条件内种子企业可能达到的最大值（环境容量），N_b 为金融机构在一定时间、条件内所能供给的最大资金额度（环境容量）。γ_a 为理想条件下种子企业的正常增长率，γ_b 为金融机构在理想条件下信贷资金规模的政策增长率。$1 - y_a/N_a$ 表示种子企业未实现产值占其最大值比重，$1 - y_b/N_b$ 表示金融机构未实现部分占其最大额度的比重。

则种子企业产值成长规律：

$$dy_a/d_t = \gamma_a y_a (1 - y_a/N_a) \qquad (6-15)$$

考虑 $y_a\left(1 - \dfrac{y_a}{N_a}\right)$ 的倒数，我们有 $\dfrac{1}{y_a\left(1 - \dfrac{y_a}{N_a}\right)} = \dfrac{1}{y_a} + \dfrac{1}{N_a - y_a}$。因此，上式可以化为：

$$\frac{dy_a}{y_a\left(1 - \dfrac{y_a}{N_a}\right)} = \frac{dy_a}{y_a} + \frac{dy_a}{N_a - y_a} = \gamma_a dt$$

对上式两边积分后可得 y_a 的通解为 $y_a = \dfrac{c_a N_a e^{r_a^i}}{1 + C_a e^{r_a^i}}$，其中，$c_a$ 由 $y_a(0)$ 决定。

金融机构信贷成长规律：

$$dy_b/d_t = \gamma_b y_b (1 - y_b/N_b) \tag{6-16}$$

从式 (6-15) 和式 (6-16) 可以看出，y_a/N_a 和 y_b/N_b 分别对 $y_a(t)$ 和 $y_b(t)$ 的增长有抑制作用。假设金融机构和种子企业之间的共生作用使得种子企业的最大产值增量为 $k_{ab}f_{ab}(N_b)$，而金融机构最大信贷增量为 $k_{ba}f_{ba}(N_a)$。则种子企业与金融机构相互作用关系的 Logistic 共生成长方程为：

$$dy_a/d_t = \gamma_a y_a [1 - y_a/N_a + k_{ab}f_{ab}(N_b)] \tag{6-17}$$

$$dy_b/d_t = \gamma_b y_b [1 - y_b/N_b + k_{ba}f_{ba}(N_a)] \tag{6-18}$$

（2）基于 Logistic 模型种业金融服务共生模式分析

为了研究种业金融服务共生关系的稳态解，式 (6-17) 和式 (6-18) 中，为了便于分析，在此分析中未考虑国家金融政策、种业产业政策、国内外形势等环境变化的影响。

表6-4　　　　平台组织视角种业金融服务共生关系比较分析

条件	共生关系	共生方程	稳态均衡解
当 $k_{ab} = k_{ba} = 0$	不存在共生关系	符合 Logistic 共生成长方程	$y_a = N_a$ $y_b = N_b$
当 $k_{ab} = 0, k_{ba} \neq 0$	偏利（金融）共生关系	$\dfrac{dy_a}{d_t} = \gamma_a y_a \left(1 - \dfrac{y_a}{N_a}\right)$ $\dfrac{dy_b}{d_t} = \gamma_b y_b \left[1 - \dfrac{y_b}{N_b + k_{ba}f_{ba}(N_a)}\right]$	$y_a = N_a$ $y_b = N_b + k_{ba}f_{ba}(N_a)$

条件	共生关系	共生方程	稳态均衡解
当 $k_{ab} \neq 0, k_{ba} = 0$	偏利（种业）共生关系	$\dfrac{dy_a}{d_t} = \gamma_a y_a \left[1 - \dfrac{y_a}{N_a + k_{ab}f_{ab}(N_b)} \right]$ $\dfrac{dy_b}{d_t} = \gamma_b y_b \left(1 - \dfrac{y_b}{N_b} \right)$	$y_b = N_b$ $y_a = N_a + k_{ab}f_{ab}(N_b)$
当 $k_{ab} \neq 0, k_{ba} \neq 0$	互惠共生关系，既有利于金融又有利于种业	$\dfrac{dy_a}{d_t} = \gamma_a y_a \left[1 - \dfrac{y_a}{N_a + k_{ab}f_{ab}(N_b)} \right]$ $\dfrac{dy_b}{d_t} = \gamma_b y_b \left[1 - \dfrac{y_b}{N_b + k_{ba}f_{ba}(N_a)} \right]$	$y_a = N_a + k_{ab}f_{ab}(N_b)$ $y_a = N_a + k_{ab}f_{ab}(N_b)$

根据上述分析种业与金融互惠共生模型达到均衡状态时，$y_a = N_a + k_{ab}f_{ab}(N_b) > 0, y_b = N_b + k_{ba}f_{ba}(N_a) > 0$。在种业共生系统向着稳态的均衡系统进化时，种子企业产值向着 $N_a + k_{ab}f_{ab}(N_b)$ 增长，而金融机构的贷款总量朝着 $N_b + k_{ba}f_{ba}(N_a)$ 增长，在这个过程中，共生界面实现稳定，共生环境也得到了不断优化（赵玉珍，2014）。

通过以上分析可以得出：连续性互惠共生模式是种业金融服务最稳定、最具有效率的共生模式，共生能量是种业金融服务共生系统质量、效率以及数量规模增加的前提，要通过共生能量进行种业金融服务共生模式设计，推动共生体系向更高水平进化发展。从共生种业金融服务关系的演化发展规律来看，是从点共生到间歇共生，从间歇共生到连续共生，连续共生再到一体化共生的发展演化。因此，连续性互惠共生模式所构成的共生系统是最有效率也是最稳定的系统，也是基于平台组织视角种业金融服务共生模式的发展目标。

（3）基于共生理论分析的一个简单扩展

在上述分析中，种业金融服务共生的影响主要由参数 $k_{ab}f_{ab}(N_b)$ 和 $k_{ba}f_{ba}(N_a)$ 决定。由于共生参数本身与种业 y_a 和金融业 y_b 的动态演变路径没有影响，因而是线性的，不受种业、金融业所处状态的影响。在现实中，这种共生影响很可能因种业、金融业的发展阶段不同而不同，从而表现出一定非线性特征。为此，我们考虑如下的一个简单扩展：假设种业对金融

的共生影响由常数 $k_{ab}f_{ab}(N_b)$ 变为 $\delta_a\dfrac{y_b}{N_b}$，金融业对种业的共生影响由常数

$k_{ba}f_{ba}(N_a)$ 变为 $\delta_b\dfrac{y_a}{N_a}$。扩展后的共生影响和种业、金融业所处行业发展阶

段有关。为简化分析，我们仅考虑互利共生关系，即 $\delta_a,\delta_b \geqslant 0$。

扩展模型里的种子企业和金融企业的动态路径为 $\dfrac{dy_a}{dt} = \gamma_a y_a\left(1 - \dfrac{y_a}{N_a} + \delta_a\dfrac{y_b}{N_b}\right)$

$$\frac{dy_a}{dt} = \gamma_a y_a\left(1 - \frac{y_a}{N_a} + \delta_a\frac{y_b}{N_b}\right),$$

$$\frac{dy_b}{dt} = \gamma_b y_b\left(1 - \frac{y_b}{N_b} + \delta_b\frac{y_a}{N_a}\right). \qquad (6-19)$$

上述方程组不再是线性常微分方程组，而是非线性常微分方程组。尽管求解非线性方程组的解比较困难，我们还是可以分析其解在稳态（时间趋于无穷）时的稳定性。为此，考虑如下非线性代数方程组：

$$f(y_a,y_b) \triangleq \frac{dy_a}{dt} = y_a y_a\left(1 - \frac{y_a}{N_a} + \delta_a\frac{y_b}{N_b}\right) = 0$$

$$g(y_a,y_b) \triangleq \frac{dy_a}{dt} = y_b y_b\left(1 - \frac{y_b}{N_b} + \delta_b\frac{y_a}{N_a}\right) = 0 \qquad (6-20)$$

上述代数方程的解是对应微分方程在时间 t 趋于无穷时的解，称为微分方程的平衡点。有的平衡点依赖于初始值，只有当初始值位于某些位置时 $y_a(t)$，$y_b(t)$ 才会收敛到该点；有的平衡点不依赖于初始值，任意初始值的 $y_a(t)$，$y_b(t)$ 都会收敛到该点。前面一类的平衡点称为不稳定解，后面一类称为稳定解。

观察上述方程，发现 $y_a = y_b = 0$ 是一个解。如果解 $y_a \neq 0$，那么解 $y_b \neq 0$；反之如果解 $y_b \neq 0$，那么解 $y_a \neq 0$，因此非零解必须满足 $1 - \dfrac{y_a}{N_a} +$

$\delta_a\dfrac{y_b}{N_b} = 0$ 且 $1 - \dfrac{y_b}{N_b} + \delta_b\dfrac{y_a}{N_a} = 0$。我们可以得到两个解：

$$y_1 = (y_{a,1},y_{b,1}) = (0,0) \quad y_2 = (y_{a,2},y_{b,2}) = \left(\frac{(1+\delta_a)N_a}{1-\delta_a\delta_b}, \frac{(1+\delta_b)N_b}{1-\delta_a\delta_b}\right)$$

$$(6-21)$$

为了讨论动态方程解的稳定性，我们将代数方程 $f(y_a, y_b)$、$g(y_a, y_b)$ 在解的附近进行泰勒一阶逼近（忽略二次项），有

$$f(y_a, y_b) \approx f(y_{a,1}, y_{b,1}) + \frac{\partial f(y_a, y_b)}{\partial y_a}\bigg|_{y_a = y_{a,1}} (y_a - y_{a,1})$$

$$+ \frac{\partial f(y_a, y_b)}{\partial y_b}\bigg|_{y_b = y_{b,1}} (y_b - y_{b,1})$$

$$g(y_a, y_b) \approx g(y_{a,1}, y_{b,1}) \frac{\partial g(y_a, y_b)}{\partial y_a}\bigg|_{y_b = y_{b,1}} (y_a - y_{a,1})$$

$$+ \frac{\partial f(y_a, y_b)}{\partial y_b}\bigg|_{y_b = y_{b,1}} (y_b - y_{b,1})$$

变量 y_a，y_b 的系数矩阵为：

$$A_1 = \begin{bmatrix} \dfrac{\partial f(y_a, y_b)}{\partial y_a}\bigg|_{y_a = y_{a,1}} & \dfrac{\partial f(y_a, y_b)}{\partial y_b}\bigg|_{y_b = y_{b,1}} \\ \dfrac{\partial g(y_a, y_b)}{\partial y_a}\bigg|_{y_a = y_{a,1}} & \dfrac{\partial g(y_a, y_b)}{\partial y_b}\bigg|_{y_b = y_{b,1}} \end{bmatrix} \qquad (6-22)$$

矩阵 A_1 是 2 阶方阵，有 2 个复特征根。当特征根都为实数且严格为正时，解是不稳定的；当特征根都为实数且严格为负时，解是稳定的。对于解 y_1，特征根为 y_a，$\gamma_b > 0$；对于解 y_2，当 $\delta_a \delta_b < 1$ 时，特征根为两个严格小于 0 的实数。因此，稳定的均衡解为 y_2。此时，$\dfrac{(1 + \delta_a) N_a}{1 - \delta_a \delta_b} > N_a$，$\dfrac{(1 + \delta_b) N_b}{1 - \delta_a \delta_b} > N_b$。

因此，即使当种子和金融机构之间的共生可能存在非线性因素，互利共生（δ_a，$\delta_b \geqslant 0$）的影响也是积极的，使得种子企业的长期最大产值提高、金融机构的长期可提供资金上升。

6.5.3　基于平台组织视角的种业全链金融服务的共生策略

种业投融资服务平台成员共生过程产生新能量是平台主体共生的本质特征，主要表现为平台主体相关产业经济效益的提高或经济规模的扩大，新能量伴随着价值传递和价值增值的过程，共生能量是平台效益提高、规模扩大以及可持续发展的前提（见图 6 - 9）。

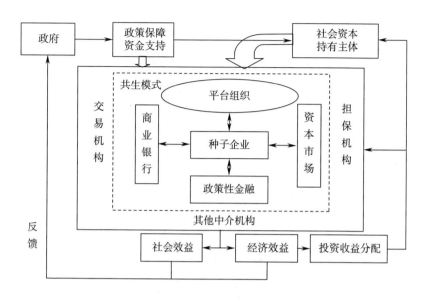

图6-9　种业投融资服务平台模式共生体系框架

（1）在平台共生模式阶段上。目标共生模式是连续性互惠共生模式，但是在种业投融资服务平台发展的初期与中期阶段，寄生型、偏利型、附生型共生关系所占比重可能要大一些，在成熟阶段，连续性互惠共生模式占主导地位，所占比重在60%左右，偏利型共生占25%左右，寄生型与附生型占15%左右，需要政府不仅要提供政策、资金支持，而且应对被寄生的主体进行价值补偿，以维持种业投融资服务平台生态系统的公平性与稳定性。随着共生模式的进化发展，多主体共参与使共生界面变大，金融供给主体与需求主体以及相关主体之间基于权益性契约同债务性契约或其他契约形式而形成有机融合的共生体，进而形成共生生态。

（2）在平台共生网络运行上。种业投融资服务平台是多对多的嵌套式共生网络，种子企业、金融机构、政府以及担保、评级机构等相关服务机构之间均存在共生关系，这些共生关系以平台为核心形成主共生网络；种子企业、金融机构、政府以及担保、评级机构等相关服务机构也均可作为子核心与其他种子企业、服务机构等建立共生关系，形成子共生网络，主共生网络与子共生网络综合形成嵌套式共生网络。

（3）在平台共生关系优化上。一是要改进提高种业投融资服务平台的所有共生单元的自身素质，改进形成共生关系的各种共生界面，减少共生界面作用的阻力，提高共生界面作用的效率（程大涛，2003）；二是要明确平台组织目标，准确地引导平台成员将长远发展目标与短期目标、整体目标与局部目标有机结合；三是要从种业投融资服务平台整体的角度协调、整合、运用所拥有的各类金融、信息、技术、服务等有效资源；四是提升种业投融资服务平台成员竞争力。

（4）在平台共生能量分享分配上。共生能量的分配方式是基于各共生单元在种业投融资服务平台经济效益、环境效益产生过程中的重要程度以及在共生过程中所承担的风险来进行分配。在种业投融资服务平台运行中，能够实现多主体之间的协作，降低成本、风险，提高信息价值。

6.5.4　基于平台组织视角种业全链金融服务模式运行保障机制

20世纪40年代末美国科学家维纳提出控制论以后，"机制"一词被用来说明社会本身的运行、调节的方式和规律。对于平台组织视角的三种金融服务模式而言，构建合理有效的运营机制是成功与否的关键。本书依据共生理论、激励理论、优化理论等来构建增值共生机制、激励约束机制以及动态调优机制来保障种业全链金融服务模式的实现。具体的流程图见图6－10。

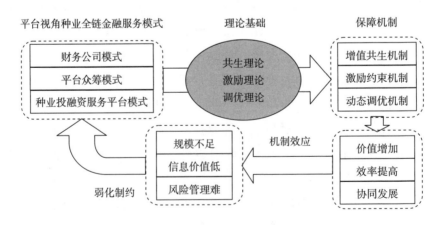

图6－10　平台组织视角种业全链金融服务保障机制流程框图

依据金融共生理论，构建增值共生机制是平台组织视角种业全链金融服务的基础。前文已经根据金融共生理论对种业金融服务共生关系进行了分析，在这里，通过种业投融资服务平台，多主体共参与使共生界面变大，金融供给主体与需求主体以及相关主体之间基于权益性契约同债务性契约或其他契约形式而形成的有机融合的共生体，进而形成共生生态。

在种业投融资服务平台的运行中，能够实现多主体之间的协作，降低成本、风险，提高信息价值，即共生能量形成的过程。在共生的过程中能够产生经济效益和社会效益是重要前提。从经济效益的角度而言，通过平台种业金融服务能够产生共生能量，一方面产生的共生能量将在金融机构、种子企业以及中介机构等相关主体之间进行分配，使各主体按照风险收益均衡的原则分享共生能量，促进各主体共生能量的增强，促进种业投融服务资平台这一共生体的正常运转；另一方面，共生能量以税收等形式上缴国家，国家还会为种业投融资服务平台提供政策、税收、资金等支持。从社会效益的角度来看，种业金融服务所形成的共生体系进入良性循环通道，不仅有利于各共生单元的发展，也会对整个经济体系产生增值推动作用（赵玉珍，2014）。因此，增值共生机制的形成能够进一步提高整个系统共生能量的形成、留存、放大和分配，促进通过种业投融资服务平台的资源配置效率的提升，实现多生产要素的有机结合。

依据激励理论，构建激励约束机制是平台组织视角种业全链金融服务的动力。激励约束是现代经济学和管理学的重要内容，旨在保障组织目标的实现。种业投融资服务平台的构建是集种子知识产权评估交易、金融决策管理、信息服务、担保服务等多功能于一体的复杂系统，需要有效的激励约束机制带动相关主体参加的积极性和保障系统的正常有效运行。

在激励约束机制具体运作方面，一方面，为提高种业投融资服务平台的运作效率需要设计合理的绩效评价体系，采取利益激励、目标激励、股权激励、情感激励、创新激励等有效的激励方式（唐五湘，2014），通过提升成员在平台的地位、增加分配收益、分享增值机会等，最大限度地发挥参与成员之间的内在潜力，督促其以实现平台价值最大化为目标；另一方面，要对平台相关成员进行有限的管理与监督，对违约、失信等行为及时采用公开、公示等相应的惩罚措施。通过这些举措能强化参加主体的参与动力，建立互信互利的良好关系，有序分配，提高各类主体的动力。

依据优化理论，构建动态调优机制保障平台组织视角种业全链金融服务的可持续运行。种业投融资服务平台的动态调优机制就是要根据种业全链金融服务发展的动态性，要求种业投融资服务平台这一系统要根据环境变化和战略安排，进行动态的优化与调整，产生新能量与新价值，以保障种业全链金融服务目标的顺利实现（张国志、卢凤君，2016）。

动态调优机制要求种业投融资服务平台这一系统协同发挥市场机制、政府作用、中介机构功能、社会关系网络以及制度体系的重要作用，形成中介、信息、信用以及担保子平台与种业投融资服务主平台之间反馈协调机制，如依据种业发展变化要求，适时调整信用评级标准、流程以及结果的运用，保证评级的科学性与适用性；根据种业担保需求，创新担保形式，强化抵押担保深化和信用资源开发（韩喜平，2014），平台引入具有实力规模、创新能力强的担保机构，鼓励平台大型种子企业开展基于种子全产业链关键环节的担保业务；不断完善价值评估体系，要发展政府、企业以及社会机构共同参与的评估机构，促进评估的科学性、合理性。根据种业发展与金融发展的趋势与要求，促进系统结构与功能的动态优化，不断调整优化平台的子系统中介、信息、信用以及担保系统的结构与功能，以稳定平台的整体性功能，保障种业全链金融服务的持续效果。

6.6　案例分析——以爱种网为例

6.6.1　基本情况

2014 年 9 月，在农业部种子管理局和种子协会的支持下，由包括隆平高科、敦煌种业等知名种业公司在内的 11 家种业公司联合出资 1.5 亿元，注册成立了北京爱种网络科技有限公司（简称爱种网）。公司成立以来，积极开发升级系统，优化服务板块，吸引种业企业、农资企业及其他涉农企业入驻，打造第三方服务平台。爱种网平台在种业金融服务的实践探索上，于 2015 年 7 月 28 日，中国人保与爱种网签约，在农业保险和农业金融方面与爱种网展开全面战略合作。中国人保通过爱种网平台，加强与各地种业主管部门、种子企业、农资企业、农户的合作，在爱种网发布保险产品信息，向农资企业和农户销售公司种植业保险产品，配套人保公司"支农小贷"金融产品，实现农险服务创新和延伸，有效为种子产业链种植户等相关主体提供最有效的保障和增值服务，同时也探索了"互联网＋"时代种业金融服务平台的组织模式。

6.6.2　运行模式

（1）构建了实现种业金融服务以及相关主体共同价值的平台生态圈和金融生态圈

爱种网平台生态圈的构成大致包括农资流通、农作物种植、农产品销售、农情分析、融资服务、信息服务、担保服务、保险服务等，这些业务共同支撑整个平台的有效运行。其平台生态圈及金融生态圈见图6－11。

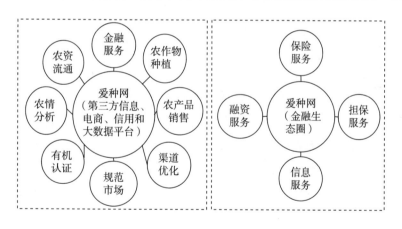

图6－11　爱种网平台生态圈及其金融生态圈

种子企业可以通过爱种网平台与金融机构合作，获得种子产业链所需资金等金融服务，提供在线的管理系统与对外合作的平台，可以发布信息、推广产品、销售管理以及获得反馈信息；可以通过厂商后台系统提供厂商信息管理、产品管理、订单管理、代理商管理等一系列管理功能，帮助种子企业转型与提高效率。

（2）形成了有助于种业全链金融服务的信息、信用支持的第三方大数

据平台

爱种网建立了种业产业全链条的综合服务平台，通过平台有效地解决了主体之间的信息不对称与不完备的问题。爱种网通过提供服务所产生的交易记录，积累了包括种子消费需求、种子价格信息、供求状况、金融服务需求等种业全链条的大数据信息，通过爱种网平台积累的大数据信息，可以为种业上游育种研发提供依据，指导种子企业创新农业生产需要的品种，同时，也可以向金融机构提供金融服务需求，为金融服务创新提供依据。同时，爱种网能够直接掌握种植业产业链上各个参与者的完整信息，将有能力清晰准确地判断出目标对象的资产、生产、信誉和风险水平，进而提供定制化（不同利率、保费等）的农业保险贷款等金融产品，全面开展产业链金融服务，帮助种子企业和农户提高抗风险能力，获得充分的金融服务支持。

（3）创新实践了平台组织视角种业全链金融服务模式，并取得了很好的成效

爱种网依托平台的网络效应，建立了多边群体合作共赢机制，促进了爱种网平台的核心业务创新机制与标杆效应。按照"互联网＋"农业的发展思路，该公司积极助推种业企业、农资企业、涉农企业借助互联网平台实现转型。通过打通供需两端信息，支持多种商业模式的运行。爱种网平台模式，加速了国内农资行业的信息化和电商化进程，催生农业服务生态。爱种网借助平台优势，广泛吸引涉农企业入驻，包括农险公司，由此形成了围绕农业的互联网生态。随着金融机构的入驻，金融服务与农业服务相互助推，共同实现价值提升。

截至 2016 年底，爱种网业务范围不断扩大，已经在 182 个县开展业务，已经向农资、农机、种植服务、农业保险、农业信贷、农业金融等领域积极拓展业务，全年交易额超过 10 亿元，新加盟种子企业 227 家，其中包括种子企业 197 家，保险公司 3 家，在爱种网注册农户达 5 余万人，推出了网上示范田、溯源系统和中立查询系统、测土配肥等服务，通过平台为种业全链主体提供综合服务，推动了种业创新，提升了种业发展水平与竞争力。

6.6.3 优化策略

爱种网与金融机构开展种业全链条金融服务，利用平台来促进种业金融服务创新是未来发展的重要方向，积极探索种业全链的种业投融资服务平台模式，通过构建种子全产业链平台生态圈，推进种子科技价值链、服务价值链和产品价值链的有机融合，进而形成互相依存、互为需求、互相依赖、互为满足、共生多赢的种业金融生态体系。

发挥大型种子企业以及农业产业龙头企业在构建种业投融资平台过程中的引领带动作用。鼓励有实力的种子企业以及大型农业企业主导种业投融资服务平台建设，依托"互联网＋"积极发展种业核心企业主导的种业供应链金融，完善种业金融生态体系，依托国家西北杂交玉米种子生产基地、西南杂交水稻种子生产基地、海南南繁基地等种业集群发展。

重视信息数据的聚集和挖掘式创新，促进核心业务多元化，充分发挥种业现有平台的整合、提升与利用。针对供给侧改革对种业提出的更高要求，继续加大种业企业横向、纵向兼并重组，加强国家种业科技成果产权交易平台、爱种网、农商1号、阿哥汇等种业平台的联合与协同发展，充分发挥现有各类平台在构建市场化、多主体参与的种业投融资服务平台过程中的相互支持作用。

注重自身产品或服务创新与用户需求的匹配性，并不断加大政策支持与环境保障建设力度。加强政府公共财政对种业基础性、公益性、公共性领域的投入力度，加大在种业政策、项目、贴息、基地建设等方面的倾斜；以实施新《种子法》为契机，运用系统管理思维，加强种子市场环境建设与知识产权保护，加强种子协会与金融机构联合开展信用评级，促进公平、诚信的种业信用体系建设，构建良好的种业金融服务环境生态。

6.7 本章小结

本章根据种业全链条主体即育、繁、推一体化种子企业以及产业链不同环节、不同类型种业主体的特征以及金融服务需求特点，首先提出并分析了育、繁、推一体化大型种子企业财务公司模式和"互联网＋"背景下针对种业产业链不同环节主体的种业平台众筹模式。在此基础上，充分考虑大型种子企业金融需求和金融供给的多样化特征，种业全链种子企业自身是其风险的实际承担者、金融平台组织形式在其中起到重要作用，创新性地提出了基于平台组织优化的种业投融资服务模式构建，并且将生物学和产业理论中的共生（Symbiosis）理论应用于平台组织视角种业金融服务模式机理分析，将种子企业和金融机构之间线性互利模型扩展到非线性互利模型，发现互利共生对种业发展金融服务是积极的，为促进种业全链的金融服务，从种业投融资服务平台的设计、实现和案例提供了基于平台组织优化视角的种业全链金融服务共生多赢的解决方案。

第七章
结论与建议

7.1 研究结论

本书是围绕产业链视角进行的种业发展金融服务模式的研究，在理论与方法上，借鉴运用了产业金融工程、科技金融、产业金融、风险管理等理论以及调查问卷、系统分析、博弈论、商业模式画布、模糊综合评价等方法，根据种业产业链环节风险承担主体特征与金融需求特点，通过理论分析与实务逻辑，设计解决方案来推动种业发展金融服务模式优化。通过系统性的研究，得到以下主要研究结论。

（1）通过对78家种子企业的问卷调查，发现种业以融资为主的金融需求不仅具有层次性、规模大、环节多特征，而且呈现出从单一金融产品服务需求向多元化金融产品需求发展、从单一渠道融资向多元化渠道融资扩展、从单一环节融资向种子产业链融资延伸等特点，但普遍面临严重的抵押担保难题。通过决策试验与实验评估方法研究发现信用水平、种业平台发展程度以及种业知识产权利用水平等是其关键影响因素。基于此，结合相关理论与实务，创新地提出了产业链视角种业发展金融服务模式研究的系统分析框架。

（2）分析了种业发展一般金融服务方式（主要包括政策性金融、商业银行、多层次资本市场等）的现状、机制以及典型模式，为综合比较各方的优势与局限性提供一种可操作的工具，为产业链视角种业发展的金融服务模式研究奠定基础，在理论上给出了信用担保机制作为一种增信机制对银行、种子企业、信用担保机构进行帕累托改进的条件，可以增加社会对信用担保机制的认识。

（3）针对种业上游主体种业知识产权在其资产中占比较大的特征，有效地解决了种业产业链上游主体金融服务所面临的知识产权估值定价难题，构建了种业知识产权资本化价值评价指标体系，引入多种种业知识产权定价方法，创新地提出适合我国种业知识产权特性的不完全市场下的效应无差异定价法并给出数值分析结果。讨论了金融机构向种子企业进行抵押贷款的决策，将金融机构贷款决策从外生风险敞口模型扩展到内生风险敞口模型。并以顺鑫农科的运行为案例提供了参考方案。

（4）根据种业产业链下游制种企业以及对接的用种主体特征与金融需求特点，有效地解决了种业产业链下游主体的金融服务所面临的风险分担与管理难题，认为种业下游与金融结合的突破口在于利用金融实现风险分担与管理，创新地提出了种业保险创新模式和保险——信贷联动模式的解决方案，将演化博弈理论引入种业保险险种创新行为分析，并提供了供参考的数值分析案例。

（5）考虑到全链条大型种子企业金融需求和金融供给的多样化特征，全链条种业企业自身是其风险的实际承担者以及金融平台组织形式在其中起到重要作用，给出财务公司模式和平台众筹模式并进行系统性分析之后，创新地提出种业投融资服务平台模式的集成解决方案。将生物学和产业理论中的共生理论应用于种业金融服务模式的机理分析，并将其从线性互利模型扩展到非线性互利模型，发现互利共生对平台组织视角种业金融服务模式优化是积极的。

7.2　政策建议

通过理论与实证相结合的系统性分析，围绕种业发展的金融服务模式研究，针对本书的研究结论，提出以下政策建议。

（1）充分发挥政策性金融在引导和改善种业金融服务方面的重要作用。建议由政府出资，在现有基础上，继续大力发展专门针对种业的政策性产业引导基金、风险投资基金、私募股权投资基金以及担保公司等，积极利用 PPP 融资方式助力种业孵化壮大，在试点的基础上大力发展政策性种业保险。

（2）围绕种业发展金融服务模式优化，构建体系化的税收等优惠政策。建议将税收优惠、风险补偿、信用担保、政策补贴等支持范围涵盖种业金融孵化器、种业企业的并购重组、种业知识产权资本化、种业平台组织的构建等方面。

（3）鼓励金融机构围绕种业提供专属金融产品和专营金融服务，加大金融产品、金融工具以及服务方式的创新，拓展种业金融服务的来源。鼓励商业银行、政策性金融机构、证券公司等各类机构，围绕种业产业链特点和金融服务需求，提供契合种业特点的专属金融产品，组建专门服务团队，提供专业化的综合金融服务。

（4）加强种业知识产权保护，为种业知识产权资本化创造条件。一是在《关于扩大种业人才发展和科研成果权益改革试点的指导意见》的基础上，进一步扩大执行的范围，推动科研成果权益改革试点的成果进入法制化轨道。二是推动允许科研成果（植物新品种权、专利技术等）评估价值入股，进行市场化交易。在前期试点的基础上，通过立法将这一安排固化。三是围绕种业科研成果的转化建立健全服务体系。由政府搭建种业科研成果托管平台，引入各类种业专属孵化器、社会资本以及各类中介机构，打造种业科技成果的良好生态。四是以 2015 年新修订《种子法》为契机，加快推进种业知识产权保护的立法进程，建立完善科学有效的种业知识产权管理体系。

（5）鼓励政策性保险公司和商业性保险机构围绕种业产业链各环节创新保险产品，同时，围绕种业金融服务过程中的风险，形成种业保险产品体系，构建政府支持、企业参与、商业化运作种业风险分担与管理机制。考虑到种业保险的公共产品属性，建议扩大财政分担种业保费的比例和范围。探索政策性保险业务商业化运行模式，将更多的种业财政性补贴通过保险费的方式进行支出，探索利用现代科技技术，提高种业保险保额标准和理赔、赔付效率。围绕种业保险—信贷联动民生，探索种业保险产品和信贷产品的多样化组合，将保险—信贷联动模式扩展到种业保险—融资联动。

（6）从组织结构上探讨深化种业金融服务模式，鼓励支持育、繁、推一体化大型种子企业设立财务公司，支持种业企业积极探索与信托公司、商业银行、基金管理公司、金融租赁公司、金融投资控股公司等金融机构建立股权关系。将种子企业与金融机构的合作关系固化、内化于集团组织之内，积极开展种业并购重组、产业链整合，培育壮大种业龙头企业，以此深化稳定的产融关系。

7.3 进一步研究展望

种业发展金融服务模式优化是一项复杂的系统工程，需要研究的内容很多，可以用到的方法也有多种。本书虽然做了一些工作，但限于论文篇幅以及自身理论与实践方面能力有限，待进一步研究的工作还很多，具体未来可以从以下几方面进行深入研究加以完善。

（1）种业发展金融服务动态过程中的政策效应研究。种业金融服务模式涉及的影响因素很多，涉及金融、经济、管理、科技、信息等诸多领域，其中政策具有重要作用，还需要进一步研究基于外部条件基础上的种业金融服务的政策效应研究。

（2）本书提出了通过构建种业投融资服务平台来实现种业全链条金融服务模式优化，仅限于在理论与模型上探索，在"互联网＋"与供给侧改革的大背景下，对于平台商业模式下的种业金融创新服务问题仍需进行深入研究。

（3）针对种业产业特性以及种子企业种业知识产权特点的如何有效利用，本书提出了种业知识产权资本化视角下金融服务模式创新的尝试，种业知识产权资本化是未来重要的发展方向，需要进一步研究深化。

（4）运用产业金融工程的理论，对种业金融服务的工具层面、组织机构进行研究和创新。在深入分析产业链运行微观机理的基础上，对种业产业链的组织形式进行创新。

（5）运用商业模式的基本理论，将现金流结构设计与种业产业链各利益相关者的关系进行重新塑造，从全产业链视角对现金流进行规划，在推动产融结合、提高种业金融服务的基础上，优化种业产业链发展的质效，促进种业发展。

附 录

附录1 种子企业金融需求状况调查问卷

亲爱的朋友：您好！

本问卷是为了切实了解我国种子企业发展过程中融资等金融需求状况，探索种业发展金融服务模式研究，促进种业金融发展、共创价值目标的实现，推动我国民族种业做强做大，调查的内容限于科研，请您认真填写，保证内容的客观性。谢谢您的合作。

一、企业基本情况

1. 企业性质：（请在对应的选项上画"√"）

A. 国有控股 　　　　　　B. 民营企业

C. 民营与国有合资 　　　D. 转制企业

2. 企业注册形式：

A. 育繁推一体化（1亿元）B. 育繁推一体化（3 000万元）

C. 其他

3. 近三年销售收入情况：2013年_____万元；2014年_____万元；2015年_____万元。

4. 企业所处发展阶段为：

A. 种子期 　　　　　　　B. 初创期

C. 成长期 　　　　　　　D. 成熟期 　　　　E. 转型期

5. 企业员工人数：_____；其中科研育种人员：_____。

6. 企业选择目前的育种方式：

A. 自主研发　　　　　　　　B. 委托育种

C. 联合育种　　　　　　　　D. 其他方式_____。

7. 企业近三年资产收益率：2013 年_____；2014 年_____；2015
年_____。

8. 推广面积前三的品种：_____；其中自主研发品种：
_____，转让经营权品种：_____。

二、企业金融需求情况

1. 企业获取资金的主渠道：_____①项目资金；②银行贷款；
③政策贴息；④上市融资；⑤合作企业投资；⑥基金或风险投资；⑦其他
（具体说明）（注：有先后顺序，可多选）。

2. 获得银行贷款的抵押形式：_____①固定资产抵押担保；
②土地使用权；③房产抵押；④担保公司；⑤品种权；⑥其他（具体说
明）（注：有先后顺序，可多选）。

3. 未来发展是否需要引入融资需求：A. 是_____ B. 否 _____；

如果有资金需求，未来三年年均资金需求量：_____；迫切需
要获得资金途径：_____；①银行贷款；②创业风险投资；③行业
关联企业投资；④原股东增资；⑤资产并购重组；⑥上市；⑦其他（具体
说明）。

4. 是否有上市需求：A. 是_____ B. 否_____；如果有上市需
求，上市（挂牌）的途径：_____，①主板；②中小板；③创业
板；④新三板；⑤其他。

5. 企业迫切需要资金投入的种业环节：_____①种质资源开发
与育种材料创制；②优良品种选育；③种子生产加工；④育繁种基地建设；
⑤品种权交易和种子贸易；⑥市场营销与技术服务；⑦其他（具体说明）。

6. 企业期望的金融服务主要包括：_____①抵押担保；②交易
结算；③短期周转性融资；④产业链金融服务；⑤上市辅导；⑥融资筹划
方案；⑦投融资相关人才的培训服务；⑧其他（具体说明）。

7. 获取发展资金遇到的难点问题：＿＿＿＿＿＿＿ ，①金融政策约束；②经营规模限制；③信用评价较低；④抵押担保限制；⑤投资人才紧缺；⑥土地指标；⑦其他（具体说明）。

8. 最紧缺的人才主要在哪些领域：＿＿＿＿＿＿＿ ，①研发；②关联；③推广；④信息；⑤服务；⑥生产与加工；⑦检验；⑧其他（具体说明）。

9. 迫切需要的项目政策支持：＿＿＿＿＿＿＿，①品种研发环节；②种子生产加工环节；③种子营销环节；④种子推广服务环节；⑤其他（具体说明）。

10. 企业最需要那些方面的政策支持：＿＿＿＿＿＿＿，①税收减免；②人才支持；③项目支持；④知识产权保护；⑤贷款融资；⑥土地流转；⑦其他（具体说明）。

附录2 基于演化博弈模型的种业保险险种创新模拟 MATLAB 程序

```
% 函数
function dxdt = differential (t, x)
dxdt = [x (1) * (x (1) -1) * (10-20*x (2)); x (2) * (x (2) -1) *
(10-40*x (1))];
    end


% 主程序

clear all;

% %y-x
for i=0: 0.1: 1
    for j=0.7
        [T, Y] = ode45 ('differential', [0 1], [i j]);
        figure (1)
```

```
        grid on
        plot (Y (:, 1), Y (:, 2), 'displayname', sprintf ('x = %2.1f', i));
        legend (' - DynamicLegend');
        hold on
    end
end


% dx/dt - t


for i = 0.1: 0.1: 1
        j = 0.7;
        [T, Y] = ode45 ('differential', [0 1], [i j]);
        figure (2)
        grid on
        plot (T, Y (:, 1), 'displayname', sprintf ('x = %2.1f', i));
        legend (' - DynamicLegend');
        hold on
        xlabel ('time')
        ylabel ('x')


end


% dy/dt - t
for i = 0.1: 0.1: 1
        j = 0.7;
        [T, Y] = ode45 ('differential', [0 1], [i j]);
        figure (3)
        grid on
        plot (T, Y (:, 2), 'displayname', sprintf ('x = %2.1f', i));
        legend (' - DynamicLegend');
        hold on
        xlabel ('time')
        ylabel ('y')
```

end

附录3　种业知识产权资本化价值评估指标重要性比较调研问卷

请您参考表1对表2和表3中的指标在种业知识产权价值评估中的重要性进行比较（横向比纵向）

表1　Saaty1 – 9标度含义

量化值	两两比较的重要性等级
1	同等重要
3	稍微重要
5	比较重要
7	十分重要
9	绝对重要
2、4、6、8	上述评价值的中间值
倒数	表示后者比前者重要

表2　准则层重要性比较

重要性	技术评估	经济评估	市场评估	法律评估
技术评估	1			
经济评估	—	1		
市场评估	—	—	1	
法律评估	—	—	—	1

表 3　指标层重要性比较

重要性		技术评估				经济评估		市场评估			法律评估		
		品种成熟度	品种推广的难易程度	品种的垄断程度	品种的寿命	预期收益	品种知识产权形成成本	市场供求状况	推广范围率	同类品种价格水平	权属完整性	使用期限	保护程度
技术评估	品种成熟度	1											
	品种推广的难易程度	—	1										
	品种的垄断程度	—	—	1									
	品种的寿命	—	—	—	1								
经济评估	预期收益	—	—	—	—	1							
	品种知识产权形成成本	—	—	—	—	—	1						
市场评估	市场供求状况	—	—	—	—	—	—	1					
	推广范围率	—	—	—	—	—	—	—	1				
	同类品种价格水平	—	—	—	—	—	—	—	—	1			
法律评估	权属完整性	—	—	—	—	—	—	—	—	—	1		
	使用期限	—	—	—	—	—	—	—	—	—	—	1	
	保护程度	—	—	—	—	—	—	—	—	—	—	—	1

参 考 文 献

［1］侯军岐，黄美霞．我国种业整合服务平台建设与管理研究［J］．农业经济问题，2017（1）：75－82.

［2］陈艳娟．种子企业知识产权战略：论、实证与协同发展［M］．武昌：武汉大学出版社，2013.

［3］仇书勇，龚明华，陈璐．知识产权抵押贷款的风险及其防范［J］．新金融，2009（9）：49－51.

［4］邢岩，孙兆东等．植物品种权入股行为的调查分析［J］．农业科技管理，2010（4）：38－41.

［5］陈月红．种子企业核心知识产权质押融资难点问题研究［J］．生产力研究，2011（8）：142－143.

［6］贺利云．美国公共机构种业科技成果转化机制及其启示［J］．农业科技管理，2016，35（1）：65－69.

［7］陈瑞剑，仇焕广，栾江等．种业发展国际比较、趋势与启示［J］．世界农业，2015，433（5）：6－9.

［8］王磊，刘丽君，宋敏．基于种业市场份额的中国种业国际竞争力分析［J］．中国农业科学，2014，47（4）：79－80.

［9］靖飞，李成贵．跨国种子企业与中国种业上市公司的比较与启示［J］．中国农村经济，2011（2）：52－73.

［10］黄毅，肖国安．中外种业上市企业规模、成长性、盈利性与效率比较［J］．华南农业大学学报（社会科学版），2012，11（4）：88－96.

［11］黄钢，李颖，王玲等．从发达国家现代种业发展看种子科技价值链创新管理［J］．西南农业学报，2007，20（6）：87－93.

［12］李体锋，孙维仁，孟繁博等．产粮大省金融业应特别关注种业——来自吉林省的调查和建议［N］．金融时报，2013－08－08.

［13］湛育红，宁钟，张芮．外商直接投资对中国种业产业安全影响的实证研究［J］．中国发展，2014，14（1）：16－25.

［14］陈月红．种子企业核心知识产权质押融资难点问题研究［J］．生产力研究，

2011 (8): 142 – 143.

[15] 刘旭霞，周锦培．我国植物新品种权质押融资法律问题探析 [J]．金融创新，2011 (12): 15 – 17.

[16] 仇书勇，龚明华，陈璐．知识产权质押贷款的风险及其防范 [J]．风险管理，2009 (247): 49 – 53.

[17] 李长健，乐明凯，易飞云．种业知识产权质押研究——品种权为切入点 [J]．中国种业，2011 (9): 7 – 10.

[18] 魏作会，史召亮，郭晓亚等．中小种子企业"贷款难"原因探析及对策[J]．中国种业，2010 (1): 25 – 26.

[19] 方华，龙文军，李冉．杂交水稻制种风险分布与制种保险研究——基于湖南省耒阳市的调查 [J]．保险研究，2012 (12): 38 – 42.

[20] 李冉，龙文军，方华．加快推进种业保险政策建议——基于湖南、江苏杂交水稻制种保险情况的调查 [J]．中国种业，2013 (7): 38 – 41.

[21] 龙文军，王德卿，齐皓天，张长利．中国种业保险的发展 [J]．世界农业，2014 (2): 5 – 9.

[22] 杨雅生．利用海外资本发展中国种业 [J]．种业论坛，2009 (1): 6.

[23] 祝顺泉．发展政府资金政策导向作用 [J]．种业论坛，2013 (7): 6.

[24] 韩蕴．金融支持种业发展刍议 [J]．种业导刊，2010 (5): 21 – 26.

[25] 赵峰，志平．支持涉农科技型种子企业发展的问题及对策在 [J]．农业发展与金融，2012 (6): 26 – 27.

[26] 王晖，吴龙军，雍瑞华，王兆川．试论种子企业降低存贷和应收账款解决流动（营运）资金不足的途径 [J]．种子，2012 (11): 50 – 53.

[27] 袁国保，张春桂．种子企业品种权质押担保贷款问题的思考 [J]．中国种业，2005 (5): 5 – 8.

[28] 邢岩，陈会英，周衍平．种子企业植物品种权证券化融资探析 [J]．中国种业，2008 (10): 11 – 14.

[29] 邢岩，孙兆东，陈会英．植物品种权入股行为的调查分析 [J]．农业科技管理，2010, 29 (2): 38 – 41.

[30] 王斌，王建忠，王秀芳，张富．关于农业科技风险投资理论体系的建构 [J]．江苏农业科学，2014, 42 (4): 387 – 391.

[31] 张燕，王欢．日美农业科技成果转化融资模式比较分析及借鉴 [J]．武汉金融，2014 (10): 42 – 45.

[32] 曹若霈．美国科技金融支持农业发展的经验借鉴 [J]．世界农业，2014 (1):

79 – 82.

[33] 廖曦，胡安·冈萨雷斯·加西亚，廖传惠. 农业众筹融资：中美两国的发展现状及未来 [J]. 对外经贸实务，2015（10）：23 – 26.

[34] 尹士. KF 种业公司融资渠道案例研究 [D]. 大庆：黑龙江八一农垦大学，2015.

[35] 文文. 陕西种子企业融资路径研究 [D]. 杨凌：西北农林科技大学，2014.

[36] 佟屏亚. 新三板为种业搭建资本市场平台 [J]. 种子科技，2015，33（2）：7 – 8.

[37] 张世煌. 种业发展要突破投资瓶颈 [J]. 营销界（农资与市场），2015（7）：6 – 8.

[38] 卢凤君，赵大晖，彭莹莹. 我国种业利用资本市场的问题和对策 [J]. 种子，2002（2）：58 – 60.

[39] 隋文香，温慧生. 中国种子企业资本运作新路径——奥瑞金 SPAC 海外上市之路简评 [J]. 中国种业，2007（6）：21 – 22.

[40] 吴钰，蒋新慧. 保险业服务农业现代化有效路径分析 [J]. 保险研究，2013（12）：23 – 28.

[41] 季牧青. 农作物种业行业分析及对相关金融服务的思考 [J]. 农村金融研究，2015（4）：72 – 76.

[42] 王璐. 为"种子"上保险 给"收成"打基础 [N]. 经济日报，2011 – 06 – 17.

[43] 刘祚祥. 种业创新体系与种业投资基金——中国种业发展战略的金融选择 [J]. 中国种业，2014（12）：5 – 8.

[44] 高磊，邵长勇. 提高现代种业发展金融支持力度的几点建议 [J]. 中国种业，2012（4）：1 – 3.

[45] 李梅兰. 金融支持农业科技创新的模式与路径探讨 [J]. 农村经济，2013（5）：59 – 61.

[46] 李巧莎，杨伟坤，杨蕾. 农业科技创新的财政金融支持研究 [J]. 科技管理研究，2014（13）：8 – 15.

[47] 蔡瑞林，陈万明. 农业政策性引导资金的基金化运作 [J]. 农业经济问题，2016（2）：33 – 40.

[48] 牛震. 强民族种业 筑粮安之基——我国现代种业发展综述 [J]. 农村工作通讯，2014（5）：9 – 11.

[49] 李洪杰. 种筹天下，打造农作物育种的 3.0 时代 [J]. 中国种业，2015（6）：5 – 7.

［50］李楠，张涛剑，段青．服务农业现代化大力支持种子产业［J］．农业发展与金融，2015（11）：40-42.

［51］陆燕春，朋振江．我国科技金融理论研究综述［J］．科技进步与对策，2013，30（16）：156-160.

［52］张世煌．借鉴国际经验——探寻促进我国种业健康发展的新思路——评《中国种业市场、政策与国际化比较研究》［J］．农业技术经济，015（8）：127-128.

［53］贾敬敦、吴飞鸣、孙传范等．农业科技金融创新研究［M］北京：中国农业出版社，2014：64-68.

［54］王卉彤．科技金融机制及其有序演进研究［M］．北京：济科学出版社，2013：60-65.

［55］王学人．政策性金融论［M］．北京：中国金融出版社，2014：104-130.

［56］赵昌平．科技金融［M］．北京：科学出版社，2013：350-380.

［57］成思危．积极稳妥地推进我国的风险投资事业［J］．管理世界．1999.2.

［58］王荣．农业高科技产业化风险投资研究［D］．山东农业大学博士论文．2010.

［59］廖西元．现代种业是典型的高科技［N］．人民日报，2014.

［60］尹中升．高科技企业适用风险投资融资模式问题与对策研究［J］．开发研究，2011（1）.

［61］张国志，卢凤君．成长型种子企业利用风险投资融资问题［J］．银行家．2015（11）：81-83.

［62］郭安元．软科学思想的杰出运用——以深圳发展银行金融业务创新管理为例［J］．中国软科学，2009，228（12）：152-156.

［63］陈威如，余卓轩．平台战略：正在席卷全球的商业模式革命［M］．北京：中信出版社，2013.

［64］李文莲，夏健明．基于"大数据"的商业模式创新［J］，国工业经济，2013（5）：83-95.

［65］冯华，陈亚琦．平台商业模式创新研究——基于互联网环境下的时空契合分析［J］．中国工业经济，2016（3）：99-111.

［66］赵玉珍，中小企业信贷融资研究——基于共生理论的视角［M］．北京：经济管理出版社，2014：95-117.

［67］唐五湘，刘培新．科技金融平台运行机制研究［J］．科技与经济，2014（4）：35-40.

［68］韩喜平，金运．中国农村金融信用担保体系构建［J］．农业经济问题，2014（3）：37-42.

［69］游达明，朱桂菊．区域性科技金融服务平台构建及运行模式研究［J］，中国科技论坛．2011（1）：40－46.

［70］任志华．中小企业融资行为与商业银行制度和业务创新［D］．天津大学博士论文，2003.

［71］程大涛．基于共生理论的企业集群组织研究［D］．浙江大学博士论文，2003.

［72］张永林，张春杨，李晓峰．市场信息集聚效应与交易效率的研究［J］．管理科学学报，2011（11）：52－62.

［73］洪惠塘，侯军岐．我国种业整合风险评价研究［J］．价值工程，2016（10）：70－72.

［74］陈李宏．种子企业风险管理研究［D］．武汉理工大学博士学位论文，2008.

［75］鞠高峰．种子企业营销风险管理研究［D］．山东农业大学硕士学位论文，2011.

［76］张国志，卢凤君．新形势下我国种子企业融资问题研究［J］．北方金融，2015，424（10）：15－16.

［77］童藤．金融创新与科技创新的耦合研究［D］．武汉理工大学博士论文，2013.

［78］刘志伟．事务所审计质量对上市公司融资成本影响的实证分析［J］．西部财会，2014（7）：1.

［79］马毅．知识产权资本化与集群创新网络［J］．经济论坛，2013（13）：106－108.

［80］艾毓斌，黎志成．知识产权证券化：知识资本与金融资本的有效融合［J］．研究与发展管理，2006（3）：22－24.

［81］陈静．知识产权资本化的条件与价值评估［J］．学术界，2015（8）：93－99.

［82］李宁．知识产权证券化融资研究［D］．内蒙古大学硕士学位论文，2009.

［83］陈丹丹．专利资产测算方法与应用研究［D］．东北财经大学博士学位论文，2015.

［84］郭庆存．《知识产权资本化研究》评价·东岳论丛［J］．2011（3）：192.

［85］李磊．我国科技型企业知识产权质押融资问题研究［D］．贵州财经大学硕士学位论文，2015.

［86］刘慧．科技型中小企业知识产权质押融资问题研究［D］．江南大学硕士学位论文，2017.

［87］尚进．国内高新技术企业知识产权证券化融资研究［D］．西南财经大学硕士学位论文，2009.

［88］苏任刚，王炜，贾超群等．基于博弈论和 Creditrisk＋模型的知识产权质押评估新模式研究［J］．河北北方学院学报（自然科学版），2013（4）：49－58.

［89］苏喆，郝思谋．知识产权资本化悖论解析及其矫正［J］．贵州社会科学，2014（2）：156 – 160.

［90］田洪媛．知识产权质押融资问题研究［D］．山东农业大学硕士学位论文，2013.

［91］王吉法．知识产权资本化研究［M］．山东大学出版社，2010.

［92］王建伟，彭建刚．保险在商业银行操作风险管理中的应用研究［J］．金融研究，2005（1）：25 – 28.

［93］国家种业创新体系再造暨国家种业创新基金启动［J］．创新科技，2014（10）：61.

［94］卢晓平．中国保险投资基金获批 首期1000亿元［N］．上海证券报，2015年7月4日002版．

［95］徐硕，徐玉德等．我国保险资金投资风险管理存在的问题及对策建议［J］．经济研究参考，2014（47）：62.

［96］张国志，卢凤君等．种业与金融结合的路径及机制研究［J］．中国种业，2016（12）：8 – 13.

［97］张国志，卢凤君等．种业与金融结合的路径模式研究［J］，中国种业，2017（1）：6 – 12.

［98］张国志，卢凤君等．我国保险资金投资种业的路径及机制研究［J］，农业经济问题，2017（1）：48 – 56.

［99］郭左践，罗艳华，徐放．小微企业贷款保险模式创新［J］．中国金融，2012，63（5）：48 – 49.

［100］李晓洁，魏巧琴．信用风险、出口信用保险和出口贸易关系的研究［J］．财经研究，2010（5）：113 – 122.

［101］文忠平，周圣，史本山．贷款损失保险及其在中国商业银行经济资本管理中的应用［J］．上海金融，2012，33（1）：28 – 33.

［102］崔兴岩等．高房价下个人住房抵押贷款保险发展策略研究［J］．经济问题，2013，35（12）：44 – 48.

［103］肖龙阶，明隆等．科技金融创新发展研究——基于DEMATEL系统关键因素分析［J］．现代管理科学，2014（9）：66 – 68.

［104］张国志，卢凤君．国内现代种业金融研究综述［J］．北方金融，2016（8）：13 – 17.

［105］张国志，卢凤君．论现代种业发展的金融支持［J］．种子科技，2016：（4）32 – 33.

［106］张国志，卢凤君．国内现代种业发展问题研究综述［J］．种子科技，2016

（10）：32 – 37.

　　［107］韩钢，李随成．高科技中小企业专利技术质押融资业务的信贷合约设计［J］．科技进步与对策，2012（3）：79 – 83.

　　［108］徐京平，霍炳男等．网络众筹的发展逻辑、商业效率与风险管理［J］．学习与实践，2016（9）：45 – 52.

　　［109］赵岳，谭之博．电子商务、银行信贷与中小企业融资——一个基于信息经济学的理论模型［J］．经济研究，2016（7）：99 – 111.

　　［110］李洪杰．种筹天下，打造农作物育种的 3.0 时代［J］．中国种业，2015（6）：5 – 7.

　　［111］陈璐．农业保险产品定价的经济学分析及我国实证研究［J］．南开经济研究，2004（4）：100 – 103.

　　［112］赵湜，谢科范．基于进化博弈模型的科技保险险种创新行为研究［J］．软科学，2012，26（11）：53 – 57.

　　［113］刘祚祥，黄权国．信息能力、农业保险与农村金融市场的信贷配给——基于修正的 S – W 模型的实证分析［J］．中国农村经济，2012（5）：53 – 63.

　　［114］Miran J. Credit Insurance［M］. New York：Academic Press，2013：89 – 120.

　　［115］Fernandez – Cornejo J，Spielman D. Concentrantion，market power，and cost efficiency in the cor seed industry［C］. 2002 Annual Meeting of the American Agricultural Economics Association. Long Beach，CA，July．2002：28 – 31.

　　［116］Saunders A，Allen L. Credit Risk Measurement In and Out of the Financial Crisis – New Approaches to Value at Risk and OtherParadigms（Third Edition）［M］. New York：John Wiley & Sons Inc，2010：125 – 13.

　　［117］Marco B，Rebecca B M. Information aggregation and strategic abstention in large laboratory elections［J］. American Economic Review，2008，98（2）：194 – 200.

　　［118］Dominic Field，Carol Foley，Emmanuel Huet．《网络挖掘是否真能挖到宝？》［J］．商学院（训练手册），2012，7：18 – 20.

　　［119］Arrow K. Economic welfare and theallocation of resources for innovation In：Universities – National Bureau ed. The rate and direction of inventive activity：Economic and social factors［M］. New York：UMI Press，1962.

　　［120］Nottenburg，C.，Pardey，P. G.，Wright，B. D. Addressing freedom – to – operate questions for international agricultural R&D. In：Pardey，P. G. ed. Agricural biotechnology：Markets and policies in an international setting［M］. Washington，D. C.：International Food Policy Research Institue，2001.

［121］Maskus, K. E. and Smith, P. J. International economics of intellectural property rights and the biotechnology industry［C］. International Agricultural Trade Research Consortium Conference, Tuscon, 2001.

［122］Eaton, D. J. F. and van Tongeren, F. W.. Mixed incentive effects of IPRS in agriculture［C］. Paper presented at the 8th Annual Conference of the International Consortium on Agricultural Biotechnology Research（ICABR）, Ravello, Italy, 2004.

［123］Srinivan C. S.. The international trends in plant varity protection［J］. Electronic Journal of Agricultural and Development Economics, 2005, 2（2）: 182 – 220.

［124］Seyoum, B.. Patent protection and foreign direct investment［J］. Thunderbird International Business Review, 2006, 48（3）: 380 – 404.

［125］Vijay. K. jolly. Getting From Mind to the Market – The Commercialization of New Techology［M］. American: Harvard Business School Press. 1997, 52 – 60.

［126］Pray. C. E. Public Private Sector Linkage in Research and Development: Biotechnology and the Seed Industry in Brazil, China and India［J］, American Journal of Agricultural Economies. 2001, 83（3）: 742 – 747.

［127］Aghion Howitth and Mayer – Foulkes. The Effect of Financial Development on Convergence: Theory and Evidence, NBER Working Paper No. 10358, 2004: 1 – 51.

［128］William Diamond, Development Banks, Baltimore, Maryland: Johns Hopkins Press: 1 – 5.

［129］Saunders A., Allen L. Credit Risk Measurement In and Out of the Financial Crisis – New Approaches to Value at Risk and Othen Paradigms（Third Edition）［M］New York : John Wiley &Sons Inc, 010.

［130］Basel Commitiee on Banking Supervision. Instructions for Basel Ⅲ Monitoring［M］. Basel: Bank for International Settlements, 2014.

［131］Miran J. Credit Insurance［M］. New York : Academic Press, 2013.

［132］Berger, Udell. Relationship Lending and Lines of Credit in Small Firm Finance［J］. Journal of Business, 1995（68）: 351 – 381.

［133］Stiglitz, Weiss. Credit Rationing in Markets with Imperfect Information［J］. The American Economic Review, 1981（6）.

［134］Williamson O. Corporate Finance and Corporate Governance［J］. The Journal of Finance, 1998（3）.

［135］M. Moon, E. S. Schwartz.. Evaluating Research and Development Investments, in Project Flexibility［M］. Agency, and Competition, Brennan. New York : Oxford University Press,

2000: 85 - 106.

［136］Paul A Gompers. Venture Capital Growing Pains : Should the Market Diet? ［J］. Journal of Banking &Finance , 1988, 22 (10) : 1089 - 1104.

［137］Ross, Stephen A, Randolph W. Westerfield, and Jeffrey Jaffe. 2002. Corporate Finance (6th Ed.) . Mcgraw - Hill Irwin, 美国: 纽约.

［138］LeRoy, Stephen F. and Jan Werner. 2014. Principles of Financial Economics. Cambridge University Press, 美国: 纽约.

［139］Staum, Jeremy. 2008. Incomplete Markets. In J. R. Birge and V. Linetsky, (editor), Handbooks in OR & MS, Vol. 15, pp. 511 - 563, Elsevier B. V. 荷兰: 阿姆斯特丹.

［140］Henderson, Vicky, and David Hobson. 2009. Utility Indifference Pricing: An Overview. In Carmona, Rene (editor), Indifference Pricing: Theory and Applications. Princeton University Press, 美国: 新泽西.

致　　谢

本论文是在导师卢凤君教授的悉心指导下完成的，从立意、选题、撰写、修改直至定稿完成，无不凝聚着导师卢凤君教授的心血，在此向尊敬的卢老师表示衷心的感谢！自认识卢老师以来，卢老师渊博的知识体系、睿智的学术思想、严谨的治学作风以及忘我投入、追求卓越的科研精神与人格魅力让我受益匪浅，在我的博士研究生生涯即将结束之际，在此向敬爱的卢老师深深地鞠上一躬，表达我深深的敬意与最真挚的谢意！

在博士学习期间，我得到了中国农业大学任金政教授、侯云先教授、王瑞梅教授、陈宝峰教授、乔忠教授、吕建军教授、李晓红副教授、翟留栓副教授等给予的指导与帮助。还得到了北京林业大学陈建成教授、中国农业科学院任爱胜教授等给予的指导以及学院陈琰老师、王尧老师、魏占祥老师、朱葛军老师等给予的帮助，恕我不能一一列举，在此一并向各位老师致以衷心的感谢！

感谢博士期间我跟随导师所参加的《国家主要农作物育种重大科研攻关规划政策与机制专项研究》《国家现代种业发展基金战略规划（2014—2018）》《北京顺鑫控股集团种业事业部战略发展规划》《北京现代种业发展规划（2016—2020）》等课题组的老师同学以及相关领导们，谢谢你们毫不吝啬地在资料搜集、经验交流等方面提供的大力支持！

感谢中国农业大学战略与决策中心和同门一起前行的兄弟姐妹们，他们是卢凤林工程师、刘晴博士、金琰博士、王元宝博士、王文海博士、方新平博士、孙中刚博士、寇光涛博士、刘鉴洪、贺志强、程华、张亚芬、聂耀楠、王彩金、施佳慧等，感谢你们的陪伴、交流和帮助，希望我们的友谊永远留存！

感谢一起攻读博士学位的同学们，他们是徐荣、游艳、寇光涛、杨华磊、曹帅、魏占祥、杨蔚宁、杨锋、邓磊、李隆伟、胡振、任建超等，感谢四年来一起探讨、交流与互勉，希望我们的友谊永远留存！

论文是在相关学者的研究基础上完成的，他们的研究方法、成果和观点为本论文的写作提供了很大的借鉴与帮助，引用之处在文中均已标注，在此向他们表示诚挚的感谢！

感谢我的家人，尤其是我的妻子、女儿、父亲、母亲，特别是我的岳父和岳母，在我攻读博士期间为我默默的付出，给予我无限的理解、包容、支持与鼓励，解除了我的后顾之忧，使我充满希望、不断前行、收获颇丰！

衷心感谢论文开题、中期考核、预答辩、评审以及参加毕业答辩的各位专家、教授！

最后，再次感谢所有给我支持和帮助的人们，祝你们健康、快乐、幸福一生！谢谢！

作者
2017 年 11 月